Angelo Portale

Madre Teresa di Calcutta: la Matita indelebile

Angelo Portale

Madre Teresa di Calcutta: la Matita indelebile

Il perché del mondo è scritto nella vita di chi ama

Edizioni Sant'Antonio

Imprint

Cover image: www.ingimage.com

Publisher:
Edizioni Accademiche Italiane
is a trademark of
International Book Market Service Ltd., member of OmniScriptum Publishing Group
17 Meldrum Street, Beau Bassin 71504, Mauritius

Printed at: see last page
ISBN: 978-613-8-39199-9

ANGELO PORTALE

LA MATITA INDELEBILE

Il perché del mondo è scritto nella vita di chi ama

«Solo colui che accetterà
di perdersi per una causa,
troverà autenticamente sé stesso»[1].

[1] M. SCHELER, *Philosophische Weltanschauung*, Berlin, 1954, p. 33.

Profilo sintetico della vita di Madre Teresa[2]

- **1910**, 26 agosto. Madre Teresa, Agnes Gonxha Bojaxhiu, nasce a Skopje, da papà Nikola e mamma Drane. La sorella Age è di 5 anni più grande, mentre il fratello Lazër di 2. A quel tempo Skopje faceva ancora parte dell'Impero Ottomano. Oggi è la capitale della Macedonia.

- **1916**, a 6 anni, riceve la Cresima e la Comunione e inizia gli studi.

- **1918**, Agnes ha 8 anni, muore il papà Nikola, avvelenato.

- **1922**, 15 agosto. Mentre prega davanti ad una statua della Madonna sente la chiamata a consacrarsi al Signore. Ha soli 12 anni.

- **1928**, 26 settembre. Parte per entrare nelle Suore di Loreto. Il 28 novembre entra nella Congregazione, presso la casa madre di Rathfarnham in Irlanda.

- **1928**, 1 dicembre. Parte per l'India. Ha 18 anni. Vuole diventare missionaria.

- **1929**, 6 gennaio. Giunge a Calcutta.

- **1929**, 23 maggio. Si trova nel convento delle Suore di Loreto a Darjeeling presso l'Himalaya. Qui entra nel noviziato. Compie gli studi magistrali. Ancora non ha compiuto 19 anni.

- **1931**, 25 maggio. Dopo aver pronunciato i voti temporanei si chiama Suor Teresa. Sceglie questo nome per devozione a Santa Teresa di Gesù Bambino. Ad agosto compirà 21 anni. Dopo un po' rientra a Calcutta e insegna storia e geografia alla scuola media *St. Mary*, gestita dalle Suore di Loreto. Viene anche incaricata come superiora delle Figlie di Sant'Anna, una Congregazione indiana aggregata alle Suore di Nostra Signora di Loreto. Nello stesso periodo frequenta un ambulatorio medico-infermieristico per imparare qualcosa.

- **1937**, 24 maggio. Dopo 6 anni dai voti temporanei, fa la professione perpetua. Diventa quindi Madre Teresa. Ad agosto compirà 27 anni.

- **1940**. Le viene affidato, per circa 2 anni, l'incarico dell'insegnamento presso la scuola della Parrocchia di Santa Teresa.

- **1944**. Diventa preside dell'Istituto. Ha 34 anni.

- **1946**, 9-10 settembre. Mentre si reca a Darjeeling per degli esercizi spirituali, durante il viaggio in treno, di notte, sente la voce di Gesù che le svela la nuova chiamata. Ha 36 anni. Era questa la richiesta specifica di Gesù: «Voglio suore indiane, vittime del Mio amore, che siano Maria e Marta, che siano talmente unite a Me da irradiare il mio amore sulle anime. Voglio suore libere rivestite della Mia povertà della Croce; voglio suore obbedienti rivestite della Mia obbedienza sulla Croce; voglio suore piene di amore rivestite della carità della Croce. Rifiuterai di fare questo per Me?».

Dovrà aspettare, tra fiducia in Dio e nei superiori, ma anche patendo forti impulsi per non indugiare, circa 15 mesi.

- **1948**. È l'anno del *placet*! Riceve il permesso dall'arcivescovo di Calcutta, mons. Périer, il giorno dell'Epifania. Può così scrivere alla Superiora generale delle Suore di Loreto madre Gertrude. Le chiede il nulla osta per poter scrivere alla Congregazione che in Santa Sede si occupa dei religiosi. Madre Gertrude è d'accordo. Madre Teresa invia una lettera alla Congregazione il 7 febbraio. 5 giorni prima aveva ricevuto la risposta da Madre Gertrude. Nella missiva chiede ufficialmente di

---

[2] Tutti i dati sono ricavati dai seguenti libri: *Il segreto della santità*, *La gioia di darsi agli altri*, *Sii la Mia luce*, *Dove c'è Amore, c'è Dio*, *Madre Teresa. Un pensiero per ogni giorno dell'anno*, *I fioretti di Madre Teresa di Calcutta*, *Ho conosciuto una santa*, *Madre Teresa. Fede, amore, opere: una vita per l'umanità*.

poter uscire dalla Congregazione delle suore di Loreto perché vuole iniziare una nuova vita a servizio dei poveri tra i più poveri mediante le Missionarie della Carità sull'esempio di san Francesco d'Assisi.

La Congregazione risponde con parere favorevole ed a fine luglio Périer riceve la lettera. Soltanto l'8 agosto l'arcivescovo chiede a padre Van Exem Exem di mettere Madre Teresa a conoscenza dell'invito a procedere. Rimane religiosa sotto l'obbedienza a Périer arcivescovo di Calcutta. Il Papa regnante in questi anni è Pio XII.

- **1948**, agosto. Madre Teresa esce dalle Suore di Loreto. Il suo abito è un *sari* bianco con striscie azzurre. Sulla spalla porta una croce. Sapendo che, per la nuova missione, le sarebbe stato necessario avere esperienza infermieristica, va a Patna dalle Suore Americane della Missione Medica. Ha quasi 38 anni.

- **1948**, 9 dicembre. Rientra a Calcutta. Trova ospitalità nel convento di San Giuseppe dalle Piccole Sorelle dei Poveri.

- **1948**, 21 dicembre. Inizia la missione vera e propria nei bassifondi della periferia di Calcutta. Apre una scuola in un giardino pubblico per i bambini che, come scrive Gonzàles-Balado in *La di darsi agli altri* (p. 240), sono: «[...] bisognosi di apprendere l'igiene ancor prima dell'alfabeto».

- **1948**, 27 dicembre. Per 10 rupie al mese affitta due stanze. Le utilizzerà per farci un dispensario e per un'aula scolastica.

- **1949**, 24 gennaio. Avvia una scuola per bambini in una stanza affittata per 4 rupie sempre in uno dei quartieri poveri di Calcutta.

- **1950**. Madre Teresa ha con sé dodici aspiranti suore. Chiede ed ottiene il riconoscimento diocesano per la sua nuova comunità.

- **1951**, 14 dicembre. Madre Teresa "diventa indiana" ricevendo la cittadinanza. Si corona così il suo sogno di essere indiana.

- **1952**, 22 agosto. Viene inaugurata la "Nirmal Hriday" (significa: Cuore puro), ovvero la casa dei moribondi, a Kalighat. La struttura si trova presso il tempo dedicato alla dea Kali. Madre Teresa ha 42 anni.

- **1955**, 24 novembre. Anche i bambini abbandonati e malati hanno una loro casa! Madre Teresa inaugura la "Shishu Bhavan" (significa Casa dei bambini). Madre Teresa ha 45 anni.

- **1959**. È un anno molto fruttuoso. Il 14 gennaio a 35 km da Calcutta viene inaugurato il primo centro per lebbrosi. Questo luogo diverrà una vera e propria cittadella autonoma. Qui saranno cuciti tutti i sari che le Missionarie della Carità vestiranno. Il 29 maggio, nello Stato indiano del Bihar, inizia una nuova comunità di suore ed il 15 giugno invece un'altra a Nuova Delhi.

- **1960**. Per la prima volta Madre Teresa esce dall'India dopo 32 anni dal suo arrivo. Nonostante il suo primo rifiuto, l'arcivescovo di Calcutta Périer le impone di partecipare al Consiglio Nazionale delle Donne Cattoliche a Las Vegas. Durante il viaggio si ferma anche a Roma per chiedere alla Santa Sede il riconoscimento pontificio per le Missionarie della Carità.

- **1961**, 7 ottobre. Madre Teresa viene eletta Superiora generale della Congregazione delle Missionarie della Carità. Ha 51 anni.

- **1963**, 25 marzo. Il carisma si allarga anche agli uomini, Madre Teresa istituisce i Fratelli Missionari della Carità di vita attiva. Ha quasi 53 anni.

- **1964**. Papa Paolo VI si reca in India per il Congresso Eucaristico a Bombay. Apprezza enormemente il lavoro di Madre Teresa.

- **1965**, 1 febbraio. Grazie al riconoscimento di Paolo VI, la Congregazione delle Missionarie della Carità diventa di diritto pontificio.

- **1965**, 26 luglio. Nasce in Venezuela la prima casa estera delle Missionarie della Carità. Madre Teresa ha quasi 55 anni.

- **1967**. Viene eletta superiora generale per la seconda volta. Ha 57 anni.

- **1967**, 26 marzo. I Fratelli attivi Missionari della Carità diventano Congregazione diocesana.

- **1968**. Due nuove case per le Missionarie della carità: una a Roma ed una in Tanzania.

- **1970**. Nasce la prima casa anche in Medio Oriente: ad Amman in Giordania. Madre Teresa ha quasi 60 anni.

- **1971**. Viene inaugurata una casa a New York. In quest'anno riceve anche il premio "Papa Giovanni XXIII" da Paolo VI e il premio "John Kennedy".

- **1972 - 1973**. Nel giro di pochi mesi muoiono sia la mamma sia la sorella.

- **1973**. Per la terza volta viene eletta Superiora generale. Riceve un prestigioso premio a Londra come contributo al progresso della religione.

- **1975**. Sono ormai trascorsi 25 anni dalla nascita della Congregazione. Madre Teresa ha 65 anni. La comunità popolare e religiosa di Calcutta è talmente grata per il servizio prestato che nel mese di settembre tanti gruppi di diverse religioni celebrano riti di ringraziamento.

- **1976**, 25 giugno. Le Missionarie della carità hanno anche un ramo contemplativo! Madre Teresa ha 66 anni circa.

- **1977**. Anche i fratelli Missionari della carità hanno un ramo contemplativo. Madre Teresa ha 67 anni.

- **1979**, 19 marzo. Il ramo dei fratelli contemplativi vengono riconosciuti a Roma con il nome di "Pia unione dei Missionari della Parola". Madre Teresa ha quasi 69 anni.

- **1979**, 10 dicembre. Ad Oslo riceve il Premio Nobel per la Pace. In quest'anno viene rieletta per la quarta volta Superiora generale. Madre Teresa ha 69 anni.

- **1980**, 22 marzo. Riceve dal governo il più prestigioso premio indiano: il "Bharat Ratna". Madre Teresa né è molto felice ma per una ragione molto semplice e materiale. Come riporta Saverio Gaeta nel suo libro citato: «[...] le permetteva di viaggiare gratis su qualsiasi mezzo di trasporto del Paese!» (p. 141).

- **1980**, giugno. Dopo circa 52 anni ritorna a Skopje. Madre Teresa ha quasi 70 anni.

- **1981**. Due eventi importanti. Uno doloroso: a Palermo muore il 2 luglio il fratello Lazër. Un gioioso: a Skopje apre una casa delle Missionarie della Carità.

- **1983**, giugno. Si fa male cadendo dal letto ma grazie a questo incidente le viene provvidenzialmente scoperto un problema cardiaco per il quale le daranno una cura specifica. Ha quasi 73 anni.

- **1984**, 30 ottobre. Un nuovo ramo: I Padri Missionari della Carità!

- **1985**. È un anno che trascorre tra India, Cina e Stati Uniti. Viene eletta per la quinta volta Superiora generale. Nel Paese comunista sarà una grande delusione perché non riuscirà ad aprire una casa. La vigilia di Natale inaugura a New York, nonostante qualche intoppo, la prima casa per i malati di AIDS. Il 26 ottobre aveva parlato davanti all'Assemblea Generale delle Nazioni Unite. Ha 75 anni.

- **1986**. È l'anno che vede Giovanni Paolo II in India nel mese di febbraio. Insieme a Madre Teresa visiterà la casa dei moribondi a Kalighat. Bellissimo e commovente il discorso che il Papa pronuncia riguardo al servizio prestato in quella casa.

- **1986**, 7 ottobre. Una nuova casa viene aperta a Cuba.

- **1987**, agosto. In Urss riceve un premio per la pace.

- **1988**, 21 maggio. Nei territori vaticani, insieme a Giovanni Paolo II, inaugurano la casa "Dono di Maria". Madre Teresa ha quasi 78 anni.

- **1988**, dicembre. Viene fondata la prima comunità in Urss.

- **1989**, agosto. Uno stupendo regalo! Il governo albanese le permette di entrare e può così andare a pregare sulla tomba della mamma e su quella della sorella.

- **1989**, settembre. Viene ricoverata a Calcutta. Le viene diagnosticata un'insufficienza cardiaca acuta.

- **1989**, dicembre. Le viene applicato un *pacemaker*. Ha 79 anni compiuti.

- **1990**. Per la sesta volta è Superiora generale.

- **1991**, 29 dicembre. Subisce in California un intervento di angioplastica. Ha 81 anni compiuti.

- **1992**, 25 marzo. I Padri Missionari della Carità, nati 8 anni prima, vengono riconosciuti in Messico come Congregazione diocesana. Madre Teresa ha quasi 82 anni.

- **1992**, luglio. Prestigioso premio per l'educazione alla pace da parte dell'Unesco.

- **1993**, 16 settembre. Si trova a Calcutta. È costretta a subire un nuovo intervento di angioplastica. Madre Teresa ha 83 anni.

- **1993**, 8 dicembre. I fratelli contemplativi vengono riconosciuti come Congregazione diocesana dei Fratelli contemplativi Missionari della Carità. Madre Teresa ha 83 anni.

- **1994**, 3 febbraio. A Washington, davanti al presidente Bill Clinton e alla moglie, tuona con forza contro l'aborto.

- **1996**, 26 novembre. Ha 86 anni compiuti e subisce il terzo intervento di angioplastica.

- **1997**, 13 marzo. Suor Nirmala Joshi viene eletta Superiora generale.

- **1997**, 5 settembre, ore 21.30, primo venerdì del mese: si spegne una luce per il mondo! Madre Teresa ritorna alla Casa del Padre. Tutta Calcutta è realmente al buio senza elettricità! Ad agosto aveva appena compiuto **87 anni**.

- **1997**, 13 settembre. Vengono celebrati i funerali. Partecipa un oceano di persone così come tante autorità di tutto il mondo.

- **1999**, 26 luglio. Ad opera del tribunale diocesano di Calcutta viene avviato il processo di canonizzazione di Madre Teresa.

- **2003**, 19 ottobre. Dopo soli 4 anni Giovanni Paolo II la proclama beata.

- **2016**, 4 settembre. Papa Francesco la proclama santa.

PROLOGO: LA CAREZZA DEL CIELO

CHI È PER ME MADRE TERESA DI CALCUTTA

«Il 17 agosto 1948, avvolta in un sari bianco bordato di azzurro, Madre Teresa, una suora europea sola nell'India da poco indipendente, si avviò a intraprendere la vita di Missionaria della Carità. Il suo stile di vita sarebbe stato tanto innovativo quanto l'abito che indossava. Considerando "la povertà assoluta" essenziale per la sua nuova missione, scelse di andarsene con sole cinque rupie. Era l'intero capitale di questa "donna sola" [...] che indossava soltanto un sari [...] una suora che però non aveva l'aspetto di una suora. Ma la sua ricchezza era nel cuore: una fede incrollabile in Dio e una totale fiducia nella promessa che Egli le aveva fatto due anni prima: "Non temere. Io sarò sempre con te. [...] Fidati di me con amore, fidati ciecamente di Me"»[3].

Si avviò, così, con una fede incrollabile e con l'unico desiderio di essere simile a Gesù: mite e umile di cuore, per lasciarGli su tutto mano libera. Nessun'altra ricchezza se non il suo Gesù e la fiducia in Lui.

Madre Teresa di Calcutta è stata uno dei personaggi più grandi che l'avventura umana ha avuto su questa terra, una testimone della carità, un cuore stracolmo d'amore in giro per le strade di Calcutta e poi per il mondo, una carezza del cielo, un bacio di Dio, un raggio di sole nei tuguri e nelle topaie della città indiana, che ha portato luce, calore, conforto, speranza, amore, amore disinteressato, amore oblativo.

Il graziosissimo sorriso, che generoso splendeva su quel viso solcato dalla fatica e dall'amore, ha riacceso la fiducia in moltissimi cuori spenti e disperati. I suoi erano gli occhi trasparenti di chi non ha nulla da nascondere né da difendere, e portavano quella profondità senza fine degli occhi di chi, dentro, è completamente vuoto di sé e quindi senza più spazi limitati. Solo chi non deve difendere nulla può amare.

Se gli occhi sono lo specchio dell'anima, quelli della madre svelano l'infinito. Il suo infatti aveva raggiunto dimensioni di accoglienza senza più confini. Oramai nel suo cuore c'era spazio per tutti, perché tutta si era consegnata a Dio e quindi Dio stesso amava tramite quel piccolo cuore di donna, e Dio non può non amare tutti.

Come tanti altri santi ha regalato al mondo intero una nuova immagine di Chiesa. Una Chiesa povera tra i poveri, come oggi spesso ci ricorda Papa Francesco. Una Chiesa che vive in mezzo agli ultimi senza accusare, che sa prendersi cura di ogni forma di povertà materiale e spirituale. Mi piace l'espressione che usa Andrea Tornielli nel libro intervista con Papa Francesco: «Il volto di una Chiesa che non rinfaccia agli uomini le loro fragilità e le loro ferite, ma le cure con la medicina della misericordia»[4].

Madre Teresa è una santa del nostro tempo, ma nello stesso una santa per ogni tempo, è una santa universale, per tutti, proprio per questo Cattolica. Io la considero una sorta di San Francesco del ventesimo secolo. La canonizzazione di Madre Teresa è una testimonianza non solo della santità della sua persona ma della Chiesa Cattolica, di una Chiesa come continua a descriverla Papa Francesco in diverse occasioni: «[...] Penso alla Chiesa come ad un ospedale da campo, dove si

---

[3] *Sii la Mia luce*, p. 130.
[4] Francesco, *Il nome di Dio è Misericordia*, Piemme, Milano 2016, p. 9.

curano innanzitutto le ferite più gravi. Una Chiesa che riscaldi il cuore delle persone con la vicinanza e la prossimità»[5].

Il Santo Padre desidera e pensa una Chiesa siffatta perché ha la convinzione che questo tempo attuale sia un tempo particolare: «Io credo che questo sia il tempo della misericordia. La Chiesa mostra il suo volto materno, il suo volto di mamma, all'umanità ferita. Non aspetta che i feriti bussano alla porta, li va a cercare per strada, li raccoglie, li abbraccia, li cura, li fa sentire amati. Dissi allora, e ne 'sono sempre più convinto, che sia un *kairòs*, la nostra epoca è un *kairòs* di misericordia, un tempo opportuno»[6].

Chi di noi può dire di non avere bisogno di misericordia? Chi di noi può dirsi talmente coerente da non aver bisogno di perdono? Papa Francesco ha capito che oggi, o forse lo siamo stati sempre, siamo impossibilitati per tanti motivi alla coerenza. Possiamo però vivere nella misericordia: ricevendo da Dio misericordia, dando agli altri misericordia, ricevendola da questi e ridonandola ad altri, in un circolo dinamico che si nutre solo di questa grazia.

Per me Madre Teresa è stata una presenza mite che con la sua dolcezza ha fatto vibrare molti cuori. Con la sua bontà ne ha disarmato molti rendendoli liberi dall'odio. Ha sedato molti animi. Ha insegnato concretamente come si ama, perché ha vissuto l'amore. Ha insegnato come si vive, perché ha amato la vita. Ha amato la vita perché ha saputo liberarsi di tutto ciò che non è essenziale. Per scoprire la vera essenza della vita è necessaria la sobrietà e la povertà del cuore.

Durante un incontro mondiale organizzato dalle Nazioni Unite fu definita la donna più potente del mondo. Lei, prendendo la parola subito dopo, disse che era solo una piccola suora mite che pregava e amava. Nulla più. Così ci ha dichiarato che i più forti sono i miti. Coloro che hanno il dono della fede. Coloro che non fanno la guerra. Coloro che non si difendono e, se non si difendono, è perché hanno fede. Chi ha fede, infatti, non si difende e, mite, si consegna. Chi ha fede ha una certezza: alla fine si compie solo la volontà di Dio. I miti sono coloro che hanno rimesso la loro causa totalmente e definitivamente a Dio. Tutto in Madre Teresa era stato riposto tra le braccia di Dio.

A volte la penso, di fronte ai potenti, come Gesù nell'orto del Getsemani quando si presentarono i soldati per arrestarlo. Questi chiesero chi fosse Gesù il Nazareno e solo alla risposta «sono io» indietreggiarono e caddero a terra. Perché? Perché la mitezza di Gesù era talmente disarmante che metteva timore. Ma quei soldati erano talmente accecati che, nonostante ebbero timore, non si lasciarono disarmare. Spero che davanti ai suoi occhi abbiano capitolato i cuori di molti potenti presuntuosi, o di molti ricchi egoisti.

Madre Teresa era ignara della sua eccellenza perché convinta che tutto veniva da Dio. Per questo poteva vivere come una normale e semplice suora. Anzi, quando poteva, prendeva per sé i lavori più umili.

A volte la penso di fronte a Gesù, tutta assorta nel Suo amato. Egli è stato l'artista che ha adornato di bello i suoi giorni, la poesia che la sposa Teresa sussurrava ogni mattino per iniziare, il suo entusiasmo, durante tutta la faticosa giornata. E quando la notte vegliava in preghiera, con le seguenti parole la immagino effonderGli il suo amore:

"Sono sola e sveglia, questa notte, di fronte a Te me ne sto, felice, con le parole di questo canto d'amore per Te: Sei la Parola che mi dico per vivere. Perché vivere per me è dirmi il Tuo Nome. Vivo perché ci sei, perché sei Tu che con amore mi abiti. Se mi fermo, se Ti penso, se Ti parlo, ci Sei sempre. Anche quando sei assente. Ogni trincea attorno a me, con Te, ho rimosso".

Quante cose con la vita e con le parole ci ha insegnato questa santa, grazie al fatto d'essere stata sempre obbediente alla volontà di Dio! Neanche le leggi della natura forse sono state e sono così obbedienti alla Sua volontà!

---

[5] *Il nome di Dio è Misericordia*, p. 24.
[6] *Il nome di Dio è Misericordia*, p. 22.

Madre Teresa ci ha insegnato che l'avarizia corrode la nostra grandezza, cioè la nostra dignità di figli di Dio, mentre la generosità la nutre. Che l'egoismo è la smorfia più orribile della libertà. Che il ghigno più beffardo, sarcastico e schernitore, frutto dell'invidia e della gelosia verso l'uomo, è la risata di Satana quando gli uomini tra di loro non si assistono.

Che ha volte basta una visita per cancellare, anche per un solo istante, il male di qualcuno. Ci ha invitato ad aprire gli occhi e a renderci conto di quanto dolore spesso ci viaggia accanto. Il dolore di quegli innocenti che abbiamo percosso con la nostra sbadataggine e il nostro egoismo, pensando troppo solo a noi stessi. Che c'è un modo di amare, una forma di patire, che può trasformare il cuore del prossimo e anche quello dei nemici in un'oasi di perdono.

Nella vita di coloro in cui regnava il nero e il grigio ha portato colori vivi. In chi è stato graffiato dagli spigoli della vita, forme e curve di dolcezza. Ha portato la sinuosità e la morbidezza della gentilezza di Gesù mite ed umile, insegnandoci che la durezza ferisce sempre. «Meglio un errore con bontà che una cosa giusta con asprezza», spesso diceva. E lo diceva perché, a questo mondo, ancora prima delle persone che facciano le cose con efficienza, spesso dietro un'aria di abnegazione e dedizione, ma invece con l'intenzione nascosta di schiacciare e umiliare il prossimo, sono necessarie quelle che le facciano con bontà e sanno perdonare. Chi è bravo ma non ha bontà, non ama. Chi ha bontà, ma non è bravo, ama, e per amore impara anche ad essere bravo.

Madre Teresa ci ha educato ad ascoltare il grido di tutti quelli che accanto a noi supplicano sfiniti e soli: "Difendimi. Non abbandonarmi. Dammi la mano. Abbracciami", per poter essere, nella loro vita, come raggi di sole che fanno capolino nelle giornate umide, grigie e fredde, quando la solitudine si sente di più. Chi più di lei ha ripetuto in continuazione che la vera forma di povertà di oggi, la più triste, è la solitudine che vivono le persone non amate?

Ci ha chiaramente detto che se Dio in noi non ha spazio, quando saremo assaliti dai nostri limiti, chi ci darà la vera consolazione? Chi la stabile certezza? Che se confidiamo totalmente in Lui non dobbiamo temere nessuno! Che ogni paura può svanire di fronte alla bellezza sublime della tenerezza di Dio. Che di fronte ad un Padre così onnipotente e così buono dobbiamo stare sereni, ma dobbiamo impegnarci affinché anche gli altri possano stare sereni. Che più ci configuriamo a Cristo, più "diventiamo" provvidenza di Dio in questo mondo.

Che la speranza è quella cosa che, quanto più viviamo per noi stessi la nostra vita, tanto più sparisce inesorabilmente, insieme ad ogni forma di entusiasmo. Questo infatti dilaga solo in un cuore altruista. Mentre un cuore egoista, piano piano non può giungere che alla disperazione rischiando di diventare veramente cattivo. Infatti è difficile restare troppo tempo tristi e arrabbiati senza diventare cattivi.

Ci ha insegnato a guardare gli occhi di coloro in cui già dominava il colore dell'agonia, e a guardarli con compassione e speranza. Il suo sguardo ha calmato lo spavento di tutti quei moribondi malati di lebbra o di aids a cui non veniva incontro nient'altro che la sciagura della morte. E quando gli occhi di questi erano ormai quasi assenti e spenti, l'attenzione e l'amore dei suoi occhi li riaccendeva ancora un po', con la luce della speranza nel Dio buono. Ed un balzo di vita, permesso da Dio, ritornava nei loro cuori, in modo che ancora per qualche giorno potessero godere delle coccole sovrannaturali di lei e delle sue sorelle. Così i giorni, brevi o lunghi non so, trascorsi nei lebbrosari o centri di cura fondati da lei, furono per loro un'oasi di premure, per sperimentare l'amore e arrivare sereni all'addio terrestre.

La vita di molti malati abbandonati, infatti, si è rimessa positivamente in discussione per quanto riguarda la speranza, anche solo grazie ad una carezza o ad un bacio sulla fronte, delicato ma nello stesso tempo passionale, della passione compassionevole di Cristo; o grazie ad una parola dolce e incoraggiante, che Madre Teresa e le sue suore sapevano generosamente distribuire. Addirittura a volte hanno anche dovuto sopportare delle critiche proprio per la loro smisurata generosità disinteressata verso i poveri. Una volta infatti, durante un incontro pubblico, qualcuno lanciò dei rimproveri accusandola che con il suo modo di fare li viziava. Secondo questo tale, il servizio totalmente gratuito verso di loro era una abitudine cattiva. Madre Teresa con mitezza e umiltà rispose: «Nessuno ci vizia tanto quanto Dio stesso. Guardate tutti i doni che ha dato gratuitamente. Vedo che nessuno dei presenti porta gli occhiali. Eppure, ci vedete tutti. Che accadrebbe se Dio vi chiedesse di pagare per la vista? Respiriamo di continuo e viviamo in virtù di un ossigeno per il quale non paghiamo. Che accadrebbe se Dio ci dicesse: "Lavora quattro ore e ne avrai due di luce?"». E concluse: «Vi sono molte congregazioni religiose che viziano i ricchi. Non è male che ve ne sia una per i poveri, sia pure per viziarli»[7].

Le Missionarie della Carità sono state, ed oggi continuano ad essere, una bufera di ottimismo fondato, per il mondo intero. Con la loro generosità e mitezza hanno travolto l'egoismo di chi è stato duttile di cuore. Hanno donato coraggio, hanno iniettato entusiasmo. Ed è per questo che i poveri cercano, come le api il miele, la loro compagnia. È proprio vero che «I miti erediteranno la terra». In questo caso la stima e la gratitudine dei poveri. E dietro la gratitudine dei poveri c'è la gratitudine di Dio. Dio infatti si compiace di chi consola e sostiene gli ultimi, in ogni forma della loro precarietà.

Saverio Gaeta, nel suo ultimo lavoro appena pubblicato, dal titolo *Madre Teresa. Il segreto della santità*, riesce a fare un'efficace sintesi che spiega l'atteggiamento delle Missionarie della Carità verso i moribondi: «[...] il compito delle Missionarie della Carità era di dare loro la possibilità di morire fra le braccia del Signore. Un'idea che, secondo il pensiero della Chiesa Cattolica, non ha nulla a che fare sia con il proselitismo, sia con le conversioni forzate. Ciò che, secondo la terminologia teologica, è definito "battesimo condizionato" è infatti unicamente il dono dell'incontro con l'amore e la pace di Dio, mediante l'offerta di una preghiera che il morente si rende disponibile ad accogliere con il cuore. Ed è qualcosa che, molto semplicemente, Madre Teresa definiva il "biglietto per il Paradiso". In sostanza, quando un ricoverato era sul punto di morire, gli parlava di Dio e gli chiedeva se lui credesse in Dio e lo amasse. Poi lo invitava a chiedere a Dio perdono per tutte le proprie colpe e infine gli dava una benedizione come accompagnamento per l'incontro con il Creatore. Lei stessa ha chiarito così, agli inizi degli anni ottanta: "Delle oltre diciannovemila persone che finora sono morte a Kalighat, non ne ho visto nessuna morire disperata". Quando sono prossimi alla morte chiediamo loro: "Desideri una benedizione per ottenere da Dio il perdono dei tuoi peccati e poter andare a godere la Sua presenza?". Nessuno dice di no. Fra noi ci diciamo: "Gli hai dato un biglietto per San Pietro? Altrimenti non lo lascia passare". Fino a ora, nessuno ha rifiutato una benedizione per questo incontro con Dio»[8].

Il mondo ha grandissimo bisogno di parole e gesti che affrancano! Ha bisogno di persone che assumano in modo radicale e integrale la loro libertà e la loro responsabilità e, Madre Teresa, di certo ne ha attratti tanti a scegliere questo stile di vita, perché ha palesato in continuazione che il limite più grande e orribile per ogni uomo è l'egoismo e che il redentore più efficace per una vita mediocre è l'altruismo. Ogni persona che assume in sé in modo risolutivo e integrale la sua libertà e la sua responsabilità, assume in sé il peso di tutto l'universo. Tutto l'universo, infatti, pesa meno di un vero e radicale atto di autentica libertà responsabile.

Nessuna stanchezza o scoraggiamento era in grado di rubarle la consapevolezza certissima che la vita è vita solo se alle anime spente e stanche si dona luce e riposo. Molte ferite dell'animo possono essere medicate solo ricoprendo di affetto e dedizione l'esistenza dei percossi dalla sorte.

Con i suoi gesti semplicissimi ha aperto spiragli da cui può passare luce divina, se noi ci lasciamo affascinare dalla sua fede. Ha palesato che solo la fede è l'unica forza quando ad un certo punto della vita, della nostra vita, spesso, l'umano orizzonte perde consistenza e più non basta a garantirci sicurezza.

---

[7] MADRE TERESA DI CALCUTTA, *La mia vita*, a cura di J. L. GONZÀLES-BALADO, Bompiani 2001, p. 88.

[8] S. GAETA, *Madre Teresa. Il segreto della santità*, San Paolo, Milano 2016, p. 108; J. L. GONZÀLEZ-BALADO, *Madre Teresa dei poveri*, San Paolo 1997, p. 96.

Con il suo amore alla preghiera ci ha suggerito che, quando vengono meno le parole di consolazione da distribuire agli affamati di speranza e di fiducia, bisogna restare soli con Gesù, lasciare che sia Lui a prendersi cura di noi, lasciare che sia Lui a parlare a noi. Che quando il cuore di chi offre la sua vita a Dio per gli altri è in pena o scavato dall'indifferenza dei superbi, oppure sanguinante od esausto per le fatiche, non rimane altro che la consolazione di Cristo crocifisso.

Leggendo gli scritti di Madre Teresa sono giunto ad alcune consapevolezze che spero diventino, presto, realtà anche nella mia vita.

Che nei suoi gesti si è manifestato il prodigio del bene. Che per sconfiggere il pessimismo ci vuole l'umiltà. Che c'è un nemico che costantemente mi perseguita e mi opprime: è il mio egoismo. Se non voglio lasciarmi sterminare da me stesso, devono essere gli altri a monopolizzare il mio tempo. Che insieme all'egoismo, l'altro vero nemico è il mal di vivere. E che anche questo si tiene a bada con l'altruismo.

Che sono pellegrino di un tempo che si consuma furibondo e se non voglio fallire la mia vita devo solo consegnarla definitivamente tutta a Dio. Che quando manca lo slancio interiore l'unico modo per riacquistarlo è la preghiera e tuffarsi in mezzo alla gente bisognosa. Che l'accidia e l'incostanza sono pericolosissime perché fanno indugiare nell'ozio e piano piano fanno cadere anche in gravi peccati di omissione. Che l'indolenza si nutre di indolenza. Che la paura di perdere la vita per gli altri e la pigrizia nel donarmi sono il più pericoloso flagello di ingiustizia che posso far abbattere sulla vita degli ultimi e su me stesso. Ancora, che la paura e la pigrizia attirano la negligenza e incarcerano in quella inoperosità che può diventare cinismo, facendo smarrire ogni occasione propizia per amare e portar anime a Dio.

Che quando nella mia vita penso che Dio non parla è perché il mio orecchio è troppo rivolto ad ascoltare i pareri e le parole umane. Quindi perché considero più necessari queste che quelle. Che non devo aver paura delle tenebre, perché se queste arrivano, mi renderanno più capace di donare luce di speranza a chi vive nelle tenebre. E quando poi tornerà la luce porterò anche luce di allegria. Che al di là dei miei peccati, nel mio cuore comunque c'è il desiderio di donarmi senza aspettarmi né pretendere nulla in cambio. Che il Signore mi chiama a consolare e abbracciare tutti coloro che mi mette di fronte, trovando in Lui la forza e la consolazione necessaria per me e per gli altri.

Che l'Amore ha un modo d'agire che disarma e spiazza i burocrati e i tecnocrati dei progetti pastorali. Che non devo ragionare troppo ma devo imparare a pensare con la logica del Suo amore. Che con me Dio è ingiusto, perché io sono iniquo, ma Egli continua a darmi quello che non mi merito: il Suo amore. Ed io a volte rimango incredulo e stupito di fronte a tanto amore e devo accettare di non poterlo capire, ma solo posso accoglierlo, se voglio imparare ad amare. Che la Sua fiducia non teme la mia infamia. Che solo Lui sa servirsi bene di me per gli altri. Che la Sua bontà è talmente intelligente che diventa incomprensibile e ad essa devo arrendermi grato. Che è la scelta definitiva e radicale di giocarsi la vita, quindi di amare, che ci salva. Che non bisogna farsi distrarre dal luccichìo del piacevole, perché l'amore vero è quello che può anche far male: «Se non fa male non è amore», diceva Madre Teresa.

Che all'umanità di oggi, ferita e nel peccato, posso donare solo le mie ferite toccate da Cristo e i miei peccati continuamente perdonati e parlare del Suo amore. Raccontare che mi ha amato senza pretese. E poi camminare insieme e accanto a tutti i feriti e a tutti i peccatori come me, medicati solo dalla misericordia e dal perdono. E camminare insieme e allegri, perché stiamo andando verso la fonte della gioia. Stiamo andando verso il compimento della storia.

Che ognuno di noi è unico, insostituibile e preziosissimo di fronte a Dio. Che di me ci sono io solo e nessun'altro. Che quindi ho un compito che solo io dovrò e potrò fare. Un compito originale che dovrò realizzare e nel quale Dio stesso mi sosterrà se sono umile. Perché ognuno di noi, come diceva Madre Teresa: «[...] ha in mano un piccolo, ma indispensabile, capitale d'amore; è questo personale capitale d'amore che dobbiamo preoccuparci di investire: il resto è divagazione inutile o polemica sterile o maschera di disimpegno»[9].

Che due occhi miti, buoni e accoglienti possono fare cose immense e riportare a Dio tante anime disperate. Che devo fare spazio in me ad ogni vita che mi chiede conforto, ad ogni storia che approda nella mia storia. Che bisogna avere pazienza e gentilezza con tutti coloro che, inchiodati in una croce da tanti anni, si sentono talmente oppressi che fanno fatica a sperare e possono diventare molto esigenti verso gli altri. Che la mia missione è soprattutto stare accanto a chi riesce a compiere solo pochi passi, perché devo rialzarlo dalle innumerevoli e umilianti cadute, perché anch'io sono così. Che la reliquia più preziosa che il Signore mi ha dato è il mio tempo. Che quanto più lo metto a disposizione degli altri tanto più diventa prezioso. Ciò che trasforma il tempo finito in tempo eterno, già in questa vita, infatti, è solo l'amore.

Che Dio ha figli Suoi anche e soprattutto nei bassifondi e negli abissi non solo della povertà materiale, ma del peccato. Che lì devo andare a cercarli. Che devo vivere per le strade andando alla ricerca di quelle anime che ormai neanche ricercano più, giacché sono spente, abbandonate, incredule, indifferenti, catturate da tutto fuorché da Dio e per questo sole e perseveranti dietro ai loro errori. Che se non sento compassione per loro non avrò la chiave per superare la soglia che mi separa dal loro mondo, e loro possono divenire irraggiungibili e intraprendere la strada del non ritorno definitivo. Ed io ne sarò responsabile. Non posso crogiolarmi nelle mie sicurezze, neanche in quelle legate alla fede. Se mi crogiolo nel mio benessere non può essere fede. La fede è zelo per ogni anima!

Che Dio parla soprattutto nel silenzio: «Nel silenzio del cuore Dio ci parla [...]», diceva spesso Madre Teresa[10]. Che quando Egli si nasconde e rimane totalmente avvolto nel mistero è per rafforzare la mia fede e la mia ragione. Che quando Dio ha aperto la Sua mano con la creazione era per saziare ogni vivente, però i più scaltri hanno preso non solo il loro, ma molto di più, ed ora Lo accusiamo d'ingiustizia mentre Lui, Vita datore di ogni vita, soffre nell'intimo Suo e ancora di più nella stessa esistenza d'ogni uomo che nella povertà vede spegnersi dal vento delle ingiustizie la sua flebile vita.

Che Dio era l'oceano d'amore in cui Madre Teresa voleva lasciarsi affogare. Che nella sua vita, Madre Teresa, quel che diceva era sempre conseguenza di quello che faceva.

Che devo spendermi e spandermi nel donarmi. Che bisogna interiormente vincersi per essere felici. Che devo perseguitare in me ed uccidere, ogni sentimento di superiorità, ogni convinzione assoluta e ideologica, ogni vittimismo e lamentela, ogni ragione che mina la comunione; se non voglio essere ottuso; se non voglio vivere ferendo o ammazzando; se non voglio restare isolato. Ma so che sarà difficile se non lo fanno, con me, anche gli altri che mi stanno accanto.

Che se la mia vita prende senso solo da piccole e mediocri cose, starò sempre a difenderle. Vivrò nella guerra costante e per non perderle sarò disposto anche ad uccidere. Ma se la mia vita prende senso dal bene, dalla verità, dalla bellezza, e in definitiva da Cristo, sarò capace di camminare senza curarmi delle offese e delle ingiustizie, cioè: continuerò a crescere. Nietzsche diceva: «chi ha un perché per vivere può sopportare ogni come». Il mio perché non è una filosofia, né potranno esserlo i miei capricci. Ancora non lo è totalmente neanche Cristo, desidero però che lo sia.

Che la sofferenza più tremenda è non amarLo. Che forse il dolore non ha significato in sé, perché non è necessario, ma un senso sì che ce l'ha. Ed è amare e stare accanto a chi soffre. Non serve altro. La presenza accanto a chi patisce non dà una spiegazione al sofferente ma questi vive concretamente l'esperienza di avere un significato per la vita del caro che lo cura. E se allora il dolore non ha un significato, così il sofferente ne scopre il senso sentendosi significativo per chi lo ama.

Che non devo dare nessuna attenzione alle offese ricevute ma devo curarmi solo dell'amore che

[9] A. COMASTRI, *Ho conosciuto una santa*, San Paolo, Milano 2016, p. 72.
[10] *Sii la Mia luce*, p. 43.

dovrei donare. Che so speculare e parlare dell'amore ma non so amare. Che magari so fare una bella catechesi sulla preghiera ma non so pregare perché prego troppo poco. Che la vera intelligenza è l'amore. Che chi vuole fare l'astuto è poco intelligente. Che nei miei atti appare chi è il mio dio\Dio, chi è colui\Colui nel quale credo. Perché le scelte non s'allontanano dalla verità presente nel cuore e manifestano così quella che lì dimora. Che devo in continuazione chiedermi: "che forma sta prendendo il mio cuore?". Che quando ho cercato me stesso ho perso tutto ma da quando desidero cercare Dio sto ritrovando anche me stesso. Che quello che ben faccio oggi con amore mi cambia nel bene che sarò domani.

Che devo aiutare gli altri a cercare quel desiderio capace d'adoperarsi a ricercarLo. Che per poterlo fare devo essere in grado di riconoscere il grido che geme nel cuore di ogni uomo, il grido che invoca: "Voglio vivere con Dio", soffocato da altre lusinghe, ma non devo mai dimenticare che la libertà dell'altro non si vìola neanche per portare a Dio!

Che le persone più utili non sono quelle dotte ma quelle che sanno amare e sono umili. Che per amare bisogna rendersi vulnerabili e abbandonarsi nel far essere l'altro così come è, per incontrarlo in uno spazio di generosa rinuncia al trono dell'io. Che chi è sempre in posa mai riposa e non appena non riceve gratificazioni per quello che fa mormora.

Che devo imparare a saper stare anche accanto alle esistenze indecorose che emanano vuoto, tenebra, strazio. A quelle esistenze insopportabili da un punto di vista emotivo. Che devo smettere di detestare le cose che mi scomodano.

Che sentire entusiasmo per la vita vale più di ogni altro piacere. Che è bene che il mio vivere sia lieto. Che la vera amicizia non è solo esserci nei momenti di difficoltà ma anche quando c'è da gioire. Perché a volte provare compassione è più semplice del gioire per la gioia dell'altro.

Madre Teresa ha vissuto in pieno tutto questo. Chinandosi su ogni abbandonato, come Cristo sui nostri peccati e come il buon samaritano sull'uomo derubato, ha donato assistenza e guarigione dove è stato possibile e, dove non lo è stato, quantomeno una morte dignitosa. Paradossalmente, ha saputo far diventare dono anche la morte Madre Teresa; ha fatto diventare dono la cosa più terribile: «Amare un essere significa dirgli: "Tu non morirai"»[11], scriveva nel suo diario il filosofo Gabriel Marcel. Io amplierei l'espressione: «Amare un essere significa anche dirgli: "tu non morirai da solo"», tu non vivrai da solo, io mi prenderò cura ti te. Questa espressione, non lo dico per presunzione, è verissima. Lo confermano le parole di un moribondo e di Madre Teresa: «Qualche anno dopo, un altro mendicante incarnò per la stessa Madre Teresa il simbolo di ciò che il suo apostolato rappresentava per gli emarginati di Calcutta: "ho raccolto un uomo da una fogna. Il suo corpo era pieno di vermi. L'ho portato nella nostra casa per i moribondi, e che cosa ha detto?" Non ha imprecato, non ha inveito contro nessuno. Ha soltanto detto: "Ho vissuto tutti questi anni come un animale per la strada, ma adesso morirò come un angelo, circondato d'amore e di cure"»[12].

[11] G. MARCEL, *Tu non morirai*, Valter Casini editore, Roma 2006, p. 151.

[12] M. DI LORENZO, *Madre Teresa. Lo splendore della carità*, Paoline 2003, p. 65.

CAPITOLO PRIMO: L'AMORE

I. La reale presenza di Dio nella sua vita

1. La Madre percepiva in modo veramente reale la presenza di Dio

Può sembrare scontata questa affermazione ma non lo è affatto e per comprenderla bene bisognerebbe chiedersi cosa significhi il termine *reale*. *Reale* appartiene allo stesso campo semantico di *realtà*, cioè qualcosa di realizzabile o, meglio, realizzato. Il termine viene da *res* cioè *cosa*. Indica quindi qualcosa di concreto, che ha una effettiva esistenza e che non è una realtà immaginaria o illusoria.

Ora, che Dio esista realmente, non c'è bisogno che in questa sede si facciano speculazioni a riguardo o che si elenchino le vie per mostrarne l'esistenza. A noi interessa il fatto che Madre Teresa dica che «*Lo sentiva*», cioè che Lo percepiva come una presenza *reale* e *viva*.

Ragioniamo ancora un po'. Noi Dio non lo vediamo, né possiamo toccarlo se non nella comunione con il Suo Corpo, e questo per chi crede. Possiamo però pensarlo, immaginarlo, vederne l'azione nella storia in base alla chiave interpretativa che utilizziamo per analizzarla ma, sentirLo come presenza *viva* e *reale*, è qualcosa che va oltre queste vie di percezione.

Chi ha esperienza nella preghiera sa quanto, all'inizio dell'esperienza orativa, si prega o si parla con Dio in modo pressoché astratto, senza una percezione reale di alterità. Spesso non è neanche con Lui che si parla ma con la nostra immaginazione e tra noi stessi. Madre Teresa, che pregava tantissimo, non era quindi una profana nella relazione con Dio, per cui il suo parere è senz'altro autorevole.

Se ci dice che ne sentiva la presenza *reale* e *viva* vuol dire che viveva una sorta di esperienza mistica, di legame talmente profondo da sentirLo *quasi materialmente*. La prova di tutto ciò, cioè del fatto che per lei Dio esistesse *realmente-per-lei* e non solo in modo oggettivo o astratto, è data da un particolare molto importante: dalla quantità di segreti che riusciva a mantenere con Lui.

Per l'uomo è quasi impossibile andare avanti sapendo di non avere nessuno, nemmeno una singola persona a cui dire una cosa importante o un segreto. Potremmo anche pensare che lei avesse un rapporto immaginario con una sorta di amico immaginario che esisteva solo nella sua mente o nella sua fantasia. Ma, se fosse stata solo una illusione soggettiva sarebbe venuta meno nel momento della tenebra abissale che per quasi cinquant'anni ha vissuto o nei momenti di forte prova. Prima o poi ciò che non è reale cade sotto i colpi della realtà e della prova. In lei questo non si è verificato, anzi.

Ho voluto dare importanza a questo aspetto per evidenziare non solo la sua intimissima familiarità con Dio, ma a beneficio nostro, per tenerlo noi come possibile meta della nostra vita spirituale, prima di tutto da desiderare e chiedere a Dio stesso, e poi come sfida contro noi stessi e contro ogni forma di tentazione che ci allontana dalla strada che come traguardo ha questa corona: un rapporto vero, vivo, reale, realizzato, concreto, con Dio.

Ecco quanto lei stessa scrisse a padre Neuner: «Quando sono fuori, nel lavoro oppure incontrando la gente, avverto la presenza di Qualcuno che vive accanto a me, proprio dentro di me.

Non so cosa sia, ma spesso addirittura ogni giorno, quell'amore dentro di me verso Dio diventa più reale, e inconsciamente mi ritrovo a dire a Gesù le più strane espressioni d'amore»[13].

Questa presenza poi la identificava e ritrovava *materialmente* soprattutto nei poveri. Così si esprime Brian Kolodiejchuk su questa situazione: «[...] la realtà del suo rapporto con Gesù era davvero un paradosso: Egli viveva dentro e attraverso di lei senza che Madre Teresa potesse assaporare la dolcezza della Sua presenza. Durante la preghiera si rivolgeva a Gesù ed esprimeva il suo doloroso desiderio di Lui. Ma era soltanto quando si trovava con i poveri che percepiva vividamente la Sua presenza. Lì Lo sentiva così vivo e reale»[14].

2. *La Causa Prima è un Padre non un Motore Immobile*

Dio è sempre presente dietro ogni evento. Se interpreto ogni fatto vedendoci la Sua azione non sono un esaltato, ma qualcuno che Ne ha percepito la presenza nella storia, in maniera profonda. Il problema quindi non è *vedere* Dio dietro ogni cosa, ma quando non Lo si *vede* dietro ogni cosa, oppure quando si danno risposte meramente razionali legate ad una dinamica di causa\effetto di taglio esclusivamente immanente.

Quando nelle spiegazioni date alla vita e alle sue circostanze facciamo a meno del Mistero, dopo un po' essa può diventare *asfissiante*, una vera e propria *nausea*, per dirla con Sartre. Ciò che lascia azionata la *spinta* per vivere con entusiasmo è il Mistero. Relazionarsi fiduciosamente con il Mistero significa accettare che non si può capire tutto ma, nello stesso tempo, credere che dietro tutto c'è Dio e la Sua Provvidenza.

Avere la pretesa di rispondere a tutto in modo matematico e razionale, diciamo positivista, è un inganno e, farlo, spegne il dinamismo della vita.

Confidiamo in Dio, per tutto! Egli è la Causa Prima di tutto ma non alla maniera del Primo Motore Immobile aristotelico. È Causa Prima ma è Padre.

Veniamo da Lui, *viviamo* in Lui, *andiamo* verso Lui. Siamo sua proprietà, più di quanto lo siamo di noi stessi. Già siamo stati redenti! Anche se siamo pieni di tribolazioni, croci, angosce e peccati. Ci appoggiamo sulla certezza dell'amore di Dio per noi, sulla contemplazione dei Beni eterni che ci attendono e cantiamo il canto della vittoria: «Ecco, Dio è la mia salvezza; io avrò fiducia, non avrò timore, perché mia forza e mio canto è il Signore; egli è stato la mia salvezza» (Is 12,2).

Noi potremmo chiederci: sento la presenza di Dio in modo reale? Quale è la mia esperienza di Dio? Oltre a sentirla reale, la sento anche come una presenza per me, personale e intima? Riesco, durante la preghiera, a rendermi conto e quindi ad avere la coscienza di capire con Chi delle persone della Trinità sto parlando? Riesco a relazionarmi con ciascuno di Loro in modo distinto? Quando *dico* Dio, cosa intendo? A Chi penso dei Tre?

---

[13] *Sii la Mia luce*, p. 218.
[14] *Sii la Mia luce*, p. 219.

II. Credere all'amore di Dio è non cercare gloria dagli uomini

1. «Dio è amore»

L'insidiosa e insincera tentazione di pensare male di Dio è all'origine del peccato originale. Il serpente ci ha fatto cadere nella falsa immagine di Dio e da allora, fino a Cristo, è stato un progressivo manifestarsi di Dio per poter, pian piano, esplicitare e mostrare la giusta immagine di sé. In Cristo, Dio Padre, ha fatto questo. In Lui Egli si è rivelato Cura-totale e incondizionato-Amore-geloso della felicità dell'uomo.

Ad una sottomissione paurosa Egli preferisce che la creatura si allontani e rimediare a questo facendosi mettere in croce, per ridonare la giusta immagine di sé quella cioè di un Dio che si lascia far tutto pur di amare. Preferisce aspettare che l'uomo si lasci trafiggere il cuore da quest'immenso amore. Egli ci vuole con sé e non usa il metodo della paura ma quello dell'attrazione, della seduzione paziente. Dio Padre non vuole che noi lo subiamo ma che lo scegliamo.

Noi *siamo* del Signore. Non c'è cosa più rasserenante d'avere la consapevolezza profonda e certa che apparteniamo al *più forte*. *Essere* di noi stessi non ci converrebbe molto, anzi non ci converrebbe per niente. Infatti, senza di Lui, il nostro essere non sussiste, svanisce. Invece, sapere d'essere di Dio, sapere d'esser stati voluti per puro amore, né per sbaglio né per altro, è dormire «[...] come un bimbo svezzato in braccio a sua madre» (Sal 2b).

La prima conversione è quella di pensare bene di Dio, di non averNe paura, di benedirNe l'opera nella storia che fa con noi e con il mondo intero. Dopo, e per gratitudine, avremo il desiderio di perseguire la conversione morale e lasciare il peccato. Esso non sarà visto più, allora, come una possibilità in meno per il nostro libero arbitrio, ma solo occasione negativa di perdita della grazia e, quindi, lotteremo con tutte le forze per sfuggirvi, come chi difende qualcosa di talmente prezioso che non vuole assolutamente perderlo. È bella la gratitudine, perché è l'espressione più vera del miglior sentimento che possiamo avere verso Dio, che gratuitamente ci chiama all'esistenza per darci la natura divina. Se non si sente profonda gratitudine per una persona non si è disposti a fare quello che essa desidera.

Così è con Dio. Se prima non cade dagli occhi nostri quella falsa immagine demoniaca e faraonica di un Dio tirannico e ingiusto, non potremo iniziare una vera conversione. Se non focalizziamo bene Chi è che ci sta davanti e desidera il nostro bene, non scatterà mai in noi la scintilla potente che ci muove e ci porta grati verso Lui. Egli ci ha amati per primi, Egli ci ha voluti, Egli ci ha creati e *noi siamo gregge del suo pascolo*, Sua *vigna*, Sua proprietà, Sua *corona*, Suo diletto, Sua cura, Sua preoccupazione. Egli, in noi, è più intimo di quanto noi siam intimi a noi stessi, scriveva S. Agostino nelle *Confessioni*. Se dunque è così, come potrebbe non essere attento ad ogni nostra gioia e nostro dolore? Come potrebbe non comprendere quello che viviamo? Perché continuiamo a sentirLo lontano e di conseguenza a sentirci soli.

Ci rallegri e ci consoli questa divina presenza affettuosa e misericordiosa.

«Dio è amore; chi sta nell'amore dimora in Dio e Dio dimora in lui» (1 Gv 4,16). Queste parole della *Prima Lettera di Giovanni* esprimono con singolare chiarezza il centro della fede cristiana: l'immagine cristiana di Dio e anche la conseguente immagine dell'uomo e del suo cammino. Inoltre, in questo stesso versetto, Giovanni ci offre per così dire una formula sintetica dell'esistenza cristiana: «Noi abbiamo riconosciuto l'amore che Dio ha per noi e vi abbiamo creduto. Abbiamo creduto all'amore di Dio — così il cristiano può esprimere la scelta fondamentale della sua vita. All'inizio dell'essere cristiano non c'è una decisione etica o una grande idea, bensì l'incontro con un avvenimento, con una Persona, che dà alla vita un nuovo orizzonte e con ciò la direzione decisiva»[15].

È questo uno dei nuclei fondamentali con il quale Benedetto XVI iniziò la sua Enciclica sull'essenza di Dio. È questa la spiegazione ad ogni perché Madre Teresa abbia fatto o sia riuscita a fare quello che ha realizzato: aver creduto all'amore di Dio, essersi incontrata con Lui, aver risposto di sì. E cosa significa aver risposto di sì? Che da quel momento in poi l'unico obiettivo della sua vita divenne compiacere solo Gesù, sotto la vigilanza e con l'aiuto e il discernimento dei suoi superiori. Solo così ha potuto fare «tante cose belle per Lui», cose belle fatte con amore. Infatti, ogni cosa che facciamo, piccola o grande, diventa bella agli occhi di Gesù solo se viene fatta con amore e umiltà.

Così scriveva alle sue sorelle: «Non cercate grandi cose, fate soltanto piccole cose con grande amore [...] Più piccole le cose, più grande dev'essere il nostro amore»[16]. Questo consiglio può sembrare paradossale perché di fronte a ciò che Dio ha realizzato con Madre Teresa c'è solo da stupirsi. Altro che piccole cose!

Ma è possibile vivere così, cioè secondo le indicazioni della Madre, se non si è liberi dalla vanagloria? In fondo questo era il suo obiettivo nel consiglio dato alle sorelle: aiutarle ad essere libere da questa idolatria ch'è sempre causa di discomunione con gli altri, affinché potessero vivere solo per amore e con amore. Credere all'amore di Dio è non cercare gloria dagli uomini.

Il Signore si prende cura costantemente istante per istante in modo totale di noi. Il Signore ci con-serva, cioè: ci serba-con-sé.

Chiediamoci: se penso ad un attributo per Dio, qual è il primo che spontaneamente mi viene in mente? Se dovessi sostenere di averLo *visto* e *sentito* operante nella mia vita, riesco ad identificare dei fatti in cui posso dichiarare con la certezza della fede: "in quell'evento, ho visto realmente la Sua azione"? E poi, al di là degli avvenimenti straordinari, Lo sento vivo e operante anche nel quotidiano? Posso anch'io, come Giovanni, annunciare che è Amore?

2. *Gli influssi del peccato originale*

Si dimentica spesso che l'uomo è stato ferito dal peccato originale. Diversi filosofi[17] sostengono che tale realtà è solo un dato di fede che non ha niente a che fare con la vita di chi non crede. Non capiscono che l'affermazione del dato, anche se da un punto di vista teologico è contenuto di Rivelazione, da un punto di vista logico ed esistenziale è frutto non di deduzione da una premessa astratta e arbitraria, ma squisitamente di carattere induttivo: dalla realtà noi apprendiamo che nell'uomo (all'uomo), sia accaduto qualcosa. E se è qualcosa di *metastorico*[18] non significa che non sia reale. È nella realtà infatti che vediamo il male realizzato dall'uomo, a causa di questa ferita e a causa del cattivo uso del libero arbitrio.

Il genio filosofico, matematico, scientifico, e teologico faceva sostenere a Blaise Pascal che l'ignoranza o la non accettazione antropologica di questo dato ci costringe all'ignoranza su di una profonda comprensione dell'uomo. Così in uno dei suoi frammenti dei *Pensieri:* «Certo nulla ci sorprende più amaramente che la dottrina sul peccato originale: eppure, senza di esso, che è il più incomprensibile di tutti i misteri, noi restiamo incomprensibili a noi stessi. Il nodo della nostra

[15] BENEDETTO XVI, *Deus caritas est*, 1.
[16] *Sii la Mia luce*, p. 45.
[17] A tal riguardo si potrebbero consultare due preziosissimi testi. Il primo è a cura di: RICONDA-RAVERA-CIANCIO-CUOZZO, *Il peccato originale nel pensiero moderno*, Morcelliana, Brescia 2009, soprattutto le pagine 423-849. Il secondo è: R. SPAEMANN-C. SCHÖNBORN-A. GÖRRES, *Tutta colpa loro? Un filosofo, un teologo e uno psicoanalista a confronto sul peccato originale*, Edizioni Studio Domenicano, Bologna 2008, pp. 5-88.
[18] Per *metastorico* si intende qualcosa che va oltre la storia, quindi non qualcosa di immaginario. Il peccato originale è un evento reale, accaduto in una dimensione che va oltre le normali categorie spazio temporali della storia, ma che però ha effetti su questa.

situazione ha i suoi grovigli e i suoi lacci in questo abisso; eppure l'uomo, senza questo segreto, è ancora più incomprensibile di quanto non lo sia questo segreto all'uomo stesso»[19].

Il peccato originale ha ferito, confuso, reso egoista l'uomo. A causa di ciò non è capace di donarsi secondo quella che è la sua vera essenza.

Questa breve parentesi antropologica serviva a dare risalto alla profondità del consiglio di Madre Teresa. La sua luce e umiltà le facevano scorgere in maniera profonda le possibili tentazioni contro questa virtù e proprio perché non può esserci vero amore senza umiltà, proprio perché sapeva bene quanto è rischioso caderci, metteva in guardia le sue sorelle.

Mi chiedo: sono consapevole dell'inclinazione al male in me presente a causa del peccato originale? Mi rendo conto che anche quando ho desideri di bene il male *è sempre accovacciato alla porta del mio cuore?* Vigilo nel modo giusto per non cadere nei tranelli della concupiscenza? Riesco a scorgere, già da lontano, quando si avvicina una tentazione?

3. La vanità dal peccato originale

L'uomo purtroppo ha bisogno di mostrarsi agli altri, di sapersi capace di fare qualcosa di grande, di potersi idolatricamente rispecchiare e ammirare nelle sue opere. Questo accade sempre quando il suo cuore non è stato guarito o per lo meno quando neanche si rende conto di questo possibile rischio. La vanagloria infatti è un rapporto deformato con il fare e con Dio[20], effetto anche della mancanza di vera fede in Lui, quindi idolatria.

Chi cerca la gloria degli uomini infatti, vuol dire che non si aspetta nulla da Dio perché in fin dei conti, neanche ci crede alla Sua presenza. È essere capaci di avere segreti con Dio che ci rivela la statura della nostra fede. Se sappiamo fare opere buone in segreto vuol dire che abbiamo una *reale-relazione* con Lui. Perché a noi basta anche sapere che almeno una persona sia a conoscenza delle nostre cose e di quello che facciamo, altrimenti tutto diventa insopportabile perché siamo esseri relazionali e la comunicazione è vita per noi. Almeno una persona, può anche essere Dio stesso, o Dio solo, se il nostro rapporto con Lui è vero, reale, personale. Se avvertiamo la Sua presenza nella nostra vita, così come potremmo avvertire quella di una persona concreta, che ha un nome e una vita reale e non immaginaria, se la nostra vita concreta è irradiazione della nostra fede, se questa è vera fede, allora il nostro rapporto con Dio non è falso, né solo immaginazione.

La nostra immaginazione, infatti, nel rapporto con Dio, spesso può giocare brutti scherzi. Pensiamo di essere in comunione con Lui, di averci stabilito un vero contatto e che la nostra relazione con Lui è vera, ma non ci rendiamo conto che di fatto spesso non è Lui che serviamo nella vita ma solo i nostri idoli. Non ci rendiamo conto che spesso non è Lui che preghiamo, non ci rendiamo conto che spesso chiacchieriamo con noi stessi e la nostra immaginazione; illudendoci invece di aver conversato con Lui. Guardiamo allora le nostre azioni. Sono esse che mostrano la qualità della nostra relazione con Dio.

Se ancora non c'è questo rapporto, l'uomo ha bisogno di cercare e di fare ciò che il più possibile lo può far scaturire. Se non sa[21] di essere osservato con tenerezza da uno sguardo di cura, cioè quello di Dio, se non sa che Dio gli è presente, ha bisogno di essere ammirato dagli altri. Anche Matteo nel *Sermone della Montagna* faceva dire a Gesù che, nella misura in cui abbiamo la certezza di essere ricompensati dal Padre sapremo fare digiuno, preghiera ed elemosina nel segreto, perché abbiamo la persuasione che il Padre vede nel segreto.

Ora, ragionando, è semplice capire che per essere visti da qualcuno, ed in questo caso da Dio, Costui deve esserci, deve esistere realmente. Ma non basta. Noi dobbiamo credere che Lui

---

[19] B. PASCAL, *Pensieri*, frammento n. 434 dell'edizione *Brunschvicg*.

[20] Così la definisce Enzo Bianchi nel suo libro *Vanagloria* pubblicato dalla San Paolo.

[21] Non intendo una mera conoscenza intellettuale ma il sapere della sapienza del cuore, la conoscenza così come viene intesa nella Scrittura.

effettivamente è interessato a noi, dobbiamo vivere con questa certezza. Quindi, in conclusione, la logica conseguenza non può essere altra che questa: chi sa tenere segreti con Dio è perché la sua fede è vera o, meglio, reale. Ha cioè una relazione con il suo confidente e con questi vuole avere dei segreti e non tollera divulgarli perché sono essi che in un certo qual modo creano un'oasi di intimità tra loro, dove a nessuno è permesso di entrare. Ed è giusto che sia cosi!

Possiamo allora dire con certezza: chi cerca la gloria degli uomini, nel profondo del suo cuore è ateo. Così infatti, Gesù ai Giudei: «E come potete credere, voi che ricevete gloria gli uni dagli altri, e non cercate la gloria che viene dall'unico Dio?» (Gv 5,44). Gesù dissocia fede in Dio e ricerca della gloria dagli uomini: le due cose non possono stare insieme. Nel cuore dell'uomo non può convivere Dio insieme agli idoli. Se è presente il primo non ci sarà spazio per i secondi e se sono presenti questi, l'uomo si asservirà ad essi e si dimenticherà del Suo Creatore.

Fare piccole cose, cioè tutto quello che il Signore chiede di fare, e farle con grande amore, la Madre lo sapeva bene, è la più grande fonte di serenità e di gioia. Il fare è fondamentale affinché l'uomo possa autodeterminarsi ma, purtroppo, il più delle volte l'uomo vive nell'inquietudine e nella tristezza proprio perché il suo fare non è conforme a quanto abbiamo detto. Il *fare*, fatto solo per essere osservati, mantiene nell'inquietudine del *speriamo che venga visto e apprezzato*.

Madre Teresa voleva donare alla Chiesa dei santi veri e sapeva che la santità della vita ordinaria è quella più vera e concreta, perché lei stessa viveva tutto ciò: «Madre Teresa metteva in pratica quest'ultimo principio qualsiasi cosa facesse. Non le importava se si trattava di piccoli o grandi azioni: tutto ciò che compiva era una occasione per amare», afferma Brian Kolodiejchuk. Anzi, spinta da questo e dal suo voto, di solito agiva sempre in modo immediato tanto che il suo atteggiamento poteva essere interpretato come una forma di impulsività o mancanza di prudenza[22]. A riguardo, l'arcivescovo di Calcutta Périer al Prefetto della Sacra Congregazione per i Religiosi, scrisse: «So che si mortifica molto e che è generosissima. Nel complesso posso dire che ritengo abbia buona capacità di giudizio. Poiché è di origine slava, temo che a volte possa essere un po' precipitosa, forse emotiva. Ma questa è solo un'impressione personale e mi sarebbe difficile dimostrare il motivo di tale sensazione»[23].

Mi chiedo: quanto la vanagloria mi rende schiavo? Quanto sono capace di fare atti di amore, digiuno, elemosina, preghiera, in segreto? In quali circostanze in modo particolare mi piace essere visto e ammirato? E, se sono capace di fare cose in segreto, mi glorio da solo con me stesso? Perché per me è così fondamentale il parere e la conferma degli altri? Accetto le critiche?

---

[22] *Sii la Mia luce*, p. 45.
[23] *Sii la Mia luce*, p. 125.

III. Il «folle desiderio» di due amanti

1. Sin dall'età di cinque anni

Il termine *missione* viene dal latino *missio* e significa *invio*, *spedizione*, e nel caso del compito specifico cioè di questo caso, il *missionario* è colui che viene inviato, che si lascia inviare per svolgere un compito.

Sin da piccola, come lei stessa afferma, sentì di avere una vocazione per i poveri, cioè si sentiva chiamata per essere destinata tra i poveri e lì (tra loro) compiere qualcosa. Compiere cosa? Beh, già chiaro nella sua essenza sin dal momento della prima comunione: «Sin dall'età di cinque anni e mezzo, quando Lo ricevetti per la prima volta, l'amore per le anime mi è entrato dentro. È cresciuto nel corso degli anni, finché non sono venuta in India, con la speranza di salvare tante anime»[24].

Ciò che emerge è una grazia particolare che Gesù le ha fatto da subito: non appena Egli è entrato dentro di lei con il Suo corpo, le è entrato l'amore per le anime e il desiderio di vivere il rapporto con Lui come Sua sposa e, come sposa, donarsi tutta e volerGli piacere sempre e in tutto.

2. «Sei la Mia piccola sposa, la sposa di Gesù crocifisso»

Madre Teresa si sentiva sposa di Cristo, viveva come Sua sposa in tutto e per tutto. Gesù la chiamava sempre o *mia sposa* o *mia piccola*.

Chiamandola *Mia sposa*, colmava la sua sete di donna. Forse la chiamava così nei momenti mistici. Chiamandola *Mia piccola*, le faceva sentire tutta la Sua protezione, il desiderio di affetto e di coccole di cui ogni anima ha bisogno.

Forse in questi momenti, Madre Teresa, viveva con un po' più di umana leggerezza tutti i pesi che sorreggeva.

Ecco alcune delle espressioni che Gesù le sussurrava: «Hai sempre detto: fai di me ciò che ti piace. Ora voglio agire, lasciamelo fare, Mia piccola sposa, piccola Mia. Non temere. Sarò sempre con te. Tu soffrirai e già ora soffri, ma se sei la Mia piccola sposa, la sposa di Gesù crocifisso, dovrai sopportare questi tormenti nel tuo cuore. LasciaMi agire. Non rifiutarmi. Fidati di Me con amore, fidati ciecamente di Me»[25]. Lei dal canto suo, così sapeva allietare il Suo sposo: «Ti amo non per ciò che mi dai, ma per ciò che prendi»[26].

Santo delirio di amore senza riserve! di un'anima che brucia per Cristo, che dice al Suo amato: "E se prendi tutto di me, Ti amerò totalmente. Non lasciarmi nulla quindi. Tutto quello che prendi mi arricchisce di Te: più prendi di me da me più mi arricchisci di Te". In un certo senso per amare Cristo, Teresa era disposta a fare atti senza logica, paradossali, totali. Chi ama Cristo non fa passi lunghi quanto la gamba, ma passi più lunghi della gamba. In amore non si può essere oltremisura razionali, cioè troppo calcolatori, perché in amore i conti non tornano mai. Per chi ama veramente non è importante far tornare i conti ma giocarsi tutta la vita per l'amato! Il vero amore fa fare atti di pazzia per l'amato, fa perdere il controllo! E Gesù nel Vangelo ammira il gesto della prostituta che si china a Suoi piedi e li lava con le lacrime, li bacia e li asciuga con i suoi capelli. Altro che gesti permessi! Altro che gesti giusti! Le cose giuste le fanno i commercianti, i calcolatori. E dev'essere così. Le cose pazze invece le fanno i pazzi. Le cose pazze per Cristo, le fanno coloro che sono pazzi per Lui. Madre Teresa era una di queste pazze e sapeva che per *sposarsi* con Gesù bisognava fare pazzie.

In amore non c'è un *troppo*, non vale la domanda *quanto?* Quando si ama non c'è un limite, si ama e basta, perché l'amore (per definizione) non dovrebbe avere limiti. Il *limite*, se così vorremmo

[24] In: *Sii la mia luce*, p. 27.
[25] *Sii la Mia luce*, p. 60.
[26] *Sii la Mia luce*, p. 107.

definirlo, dell'amore, è la stessa vita: *fino alla fine*, cioè fin quando e quanto serve e fino a consumarsi compiutamente e completamente. L'amante vuole godere totalmente della gioia che prova l'amato nell'essere prediletto e vuole che questi senta di essere l'unico per lui. L'amante si sente beato nel vedere che l'amato si sente protetto, accolto, curato. L'amante non può fare a meno di non rischiare tutto per l'amato e vuole amare nella buona e nella cattiva sorte, perché di fronte a sé non vede altro che il suo diletto. Questi diventa la sua ragione di vita, il suo senso, l'unico modo per realizzarsi, l'unico modo per essere felice e sogna di poter amarlo sempre di più.

L'amore ha i sui stadi, come le stagioni hanno i loro periodi. Questo l'amante lo sa e come si sanno affrontare le stagioni nel modo giusto così egli sa come rispondere ai diversi stadi dell'amore.

Quando entra la tristezza fa di tutto per superarla. Quando prevale la bellezza, l'ammira. Il momento di beatitudine lo assapora intensamente. Coglie ogni opportunità per amare di più. Conosce i sogni dell'amato e fa di tutto perché diventino realtà. Se si presenta una sfida l'affronta con slancio. Quando non c'è sentimento e amare diventa un dovere, lo compie con serenità. Sa trasformare alcuni momenti in gioco, per divertirsi nella leggerezza insieme all'amato, come bambini spensierati. Percependo la smisurata preziosità dell'amato sa prendersene cura in modo fedele, votandosi interamente al benessere del suo diletto. L'amante non ha la presunzione di aver capito totalmente l'amato e sa che questi è un mistero e di giorno in giorno il suo unico desiderio e scoprire sempre di più questo mistero. L'amante è azione verso l'amato. L'amato è contemplazione dell'amante. Amante e amato vivono contemporaneamente e vicendevolmente azione e contemplazione nel circolo virtuoso del dono di sé.

Teresa non voleva essere solo la sposa di Cristo ma la sposa di Cristo crocifisso: «Voglio diventare la sposa di Gesù crocifisso»[27], scrisse in una lettera. Cosa dire? Che siamo ad un livello di santità molto alto e ad un modo di interpretare la vita incredibile, per il radicale rapporto d'unione che aveva con Lui. Il suo unico desiderio era diventare la sposa di Cristo crocifisso, quindi essere da sola con Lui, sul letto della croce, per consumare passionalmente questo amore. Non poteva esserci grazia più grande! Ed infatti così scrive ad una sua amica: «Il dolore e la sofferenza, Eileen, non sono altro che un bacio di Gesù, un segno che ti sei avvicinata così tanto a Gesù che Lui può baciarti. Penso che questa sia la definizione più bella della sofferenza. Perciò siamo felici quando Gesù si china per baciarci! Mi auguro che noi siamo abbastanza vicine da permetterGli di farlo»[28]. Lo stesso argomento lo tratta con le sorelle: «La sofferenza, il dolore, il fallimento non sono altro che un bacio di Gesù, un segno che ti sei avvicinata così tanto a Gesù sulla Croce che Lui può baciarti. Perciò, figlia mia, sii felice. [...] Non scoraggiarti, sorridi in cambio [...] Per te è una bellissima opportunità di diventare pienamente e totalmente tutta per Gesù. [...] Se io sono la sposa di Gesù crocifisso, Lui deve baciarmi. Naturalmente, i chiodi mi faranno male. Se mi avvicino alla corona di spine mi ferirà»[29].

Nella vita i fallimenti e i dolori sono tanti e continui. Sia personali, sia nelle relazioni, sia nella missione. Dice lo scrittore Nouwen che il *luogo* in cui andarsi a rifugiare dopo ogni sconfitta, di ogni tipo, l'unico *luogo* dove trovare vera consolazione è: «*Dio mi ama, l'amore di Dio mi basta*». Bisogna andarci e crederci, lì sostare tanto, anche quando interiormente non si sente nulla.

Si permetteva di dire questo alle sue suore non perché pretendeva che loro avessero con Gesù una fotocopia del suo rapporto, ma perché Egli stesso era stato esplicito nelle Sue richieste: «Voglio suore indiane, vittime del mio amore, che siano Maria e Marta, che siano talmente unite a Me da irradiare il Mio amore sulle anime. Voglio suore libere rivestite della Mia povertà della Croce, voglio suore obbedienti rivestite della Mia obbedienza sulla Croce. Voglio suore piene di amore rivestite della Carità della Croce. Rifiuterai di fare questo per me?».

---

[27] *Sii la Mia luce*, p. 164.
[28] *Sii la Mia luce*, p. 286.
[29] *Sii la Mia luce*, p. 287.

Il testo continua con delle frasi di Gesù fortissime, che quasi rivendicano il Suo rapporto unico con lei. Sono le parole di un innamorato geloso, che in un certo senso pretende amore, ha bisogno di quell'amore, non può vivere senza quell'amore. Sono le parole che Gesù dice a Madre Teresa nel momento in cui ella ha forse un po' di paura quando deve lasciare le suore di Loreto per iniziare la nuova missione: «Sei diventata Mia sposa per amore Mio, per Me sei giunta in India. La sete che avevi di anime ti ha portato così lontano. Hai paura di compiere un altro passo per il tuo sposo, per Me, per le anime? La tua generosità si è raffreddata? Vengo dunque al secondo posto per te? Tu non sei morta per le anime, ed è per questo che non ti preoccupi di ciò che accade loro; il tuo cuore non è mai sprofondato nel dolore come quello di Mia Madre. Entrambi abbiamo dato tutto per le anime, e tu? Hai paura di perdere la tua vocazione, di diventare laica, di non riuscire a perseverare. No: la tua vocazione è di amare [...]»[30].

L'espressione «Vengo dunque al secondo posto per te?» è veramente bella. Sembrano proprio le parole di un fidanzato geloso che ha bisogno di sapere che è l'unico nei pensieri e nel cuore della fidanzata.

Ma come avrebbe potuto metterLo al secondo posto? Lei che bruciava di amore, lei che non aveva altro desiderio di essere, non solo la Sua sposa, ma la Sua serva; lei che voleva amarLo di un amore che nessun'altra al mondo avrebbe mai potuto darGli!

L'amore di Teresa è manifestato anche e ancora dal fatto che in continuazione ripeteva di voler fare tanto per Gesù, di voler fare tante cose belle per Lui, di volerLo compiacere sempre: «Compiacere Lui soltanto è la gioia che cerco»[31]. Era perfettamente consapevole di cosa significasse simile aspirazione. Non era assolutamente una mera suggestione, cioè una specie di *slogan* utopico, astratto e ingenuo che non tiene conto che per far ciò è necessario tanto sacrificio, anzi![32] Per Madre Teresa realizzare questo desiderio era proprio e innanzitutto soffrire con Cristo sulla croce. Questo era il mezzo privilegiato per fare qualcosa di veramente bello per Lui.

A lei non interessava più nulla nella sua vita se non compiacere Gesù. E compiacere Gesù non significava ricevere medaglie di ringraziamento, ma realizzare un progetto che l'avrebbe fatta andare incontro anche a tantissime difficoltà, persecuzioni, umiliazioni, abnegazioni, sacrifici, scomodità. La cosa stupenda è che lei aveva tutto ciò chiaro e nonostante tutto emergeva maggiormente il desiderio di realizzare questo progetto. Perché tutto ciò? Perché era certa che fosse volontà di Dio e perché aveva fatto il voto di «non rifiutarGli nulla». Ecco perché questa spinta continuava a pigiare in lei ed era più forte delle possibili difficoltà. Ciò che lei aveva voluto come voto, che Gesù stesso le aveva messo nel cuore, e che forse al principio realizzava sempre con gioia ma di certo con sacrificio, adesso era diventato in lei un *habitus* nell'azione, per cui era il voto stesso che agiva e non più lei che voleva realizzare il voto.

Quando scegliamo il bene, infatti, più lo scegliamo e lo facciamo, più esso lascia una impronta buona in noi. Il bene che oggi scegliamo ci proteggerà nel presente e, nel futuro, sceglierà bene per noi. Scegliamo dunque, oggi, il bene!

---

[30] *Sii la Mia luce*, p. 59.

[31] *Sii la Mia luce*, p. 78.

[32] Quanto sono forti queste parole: «Egli sta annientando ogni cosa in me, ma siccome non pretendo nulla per me stessa, Egli è libero di fare qualunque cosa», p. 176. Consegnarsi come un giocattolo nelle mani dell'Amato. Questo vogliono dire tali parole.

IV. Compiacere solo Gesù

1. «La piccola via»

«CompiacerLo» sempre e «fare qualcosa di bello per Lui», come abbiamo accennato, sono espressioni che costantemente troviamo nei suoi scritti. Era il suo modo affettuoso e totale per esprimere l'amore folle che aveva per Gesù. Sono aspirazioni che ad una lettura superficiale possono essere considerate come semplici desideri o manifestazioni di bambini: *fanciullismi*. Beh, forse possono anche esserlo ma senz'altro non per l'ingenuità. Sono solo espressione del fatto che Madre Teresa era totalmente abbandonata a Gesù e Lo amava non solo come una sposa ma anche come una bambina: totalmente abbandonata in Lui.

Questo era anche il modo privilegiato per amare Dio di Santa Teresina di Liesieux, da cui la Madre volle prenderne il nome.

Prima di continuare con Madre Teresa ritengo opportuno riportare alcuni stralci degli scritti di Santa Teresina dove propone il cammino della *Piccola via*. Eccoli di seguito:

«Capisco così bene che non c'è che l'amore che possa renderci graditi al Buon Dio, che questo amore è l'unico bene che bramo. Gesù si compiace di mostrarmi l'unico cammino che porta a questa fornace Divina. Questo cammino è *l'abbandono del bambino* che si addormenta senza timore tra le braccia di suo Padre. "Se qualcuno è molto piccolo venga a me" ha detto lo Spirito Santo per bocca di Salomone; e questo medesimo Spirito d'Amore ha detto anche che ai "piccoli è concessa la misericordia". In nome suo, il profeta Isaia ci rivela che nell'ultimo giorno "Il Signore condurrà il suo gregge al pascolo, radunerà gli agnellini e se li stringerà al seno". E come se tutte queste promesse non bastassero, lo stesso profeta, il cui sguardo ispirato si immergeva già nelle profondità eterne, esclama in nome del Signore: "Come una madre accarezza il figlio, così io vi consolerò, vi porterò in braccio e vi accarezzerò sulle mie ginocchia". O madrina diletta, dopo un simile linguaggio, non resta altro che tacere e piangere di riconoscenza e di amore!... Ah, se tutte le anime deboli e imperfette sentissero ciò che sente la più piccola tra tutte le anime, l'anima della sua piccola Teresa, non una sola di esse dispererebbe di giungere in cima alla montagna dell'amore! Infatti Gesù non chiede grandi azioni, ma soltanto l'abbandono e la riconoscenza [...] Ecco quindi tutto ciò che Gesù esige da noi. Egli non ha affatto bisogno delle nostre opere, ma solamente del nostro amore, perché questo stesso Dio che dichiara di non aver affatto bisogno di dirci se ha fame, non ha esitato a mendicare un po' d'acqua alla Samaritana. Aveva sete... Ma dicendo: "dammi da bere" era l'amore della sua povera creatura che il Creatore dell'universo invocava. Aveva sete d'amore!... Ah, lo sento più che mai che Gesù è assetato: incontra solo degli ingrati e degli indifferenti tra i discepoli del mondo e tra i suoi discepoli; trova, ahimè, pochi cuori che si abbandonino a lui senza riserve, che comprendano tutta la tenerezza del suo Amore infinito»[33].

La sintesi di questa via intuita da Teresa di Lisieux consiste nella fiducia totale in Gesù che si china su di noi, ci prende in braccio e ci porta fino in cima alla *Montagna dell'Amore*. L'amore di Dio si piega su ogni creatura e colma ogni distanza legata alle opere che ci mancano e ai nostri peccati. Si china cioè sul nostro *nulla* e lo colma con la Sua misericordia, perché Dio per Sua natura è attratto da tutto ciò che è piccolo e che ha bisogno di amore. L'unica cosa che a noi viene chiesta è l'abbandono totale, frutto del riconoscerci piccoli e bisognosi. È qualcosa che solo noi possiamo attuare. In questa via l'uomo non deve compiere nessun cammino se non quello di lasciarsi afferrare nella sua vita concreta, nella sua situazione concreta, nel suo spazio concreto, nel suo tempo concreto, e affogare nell'amore infinito di Dio, abbandonandosi al dinamismo dell'amore che si nutre di fiducia e speranza. L'uomo quindi non deve temere i suoi peccati né i suoi limiti, deve soltanto abbandonarsi all'Amore, alle braccia dell'Amore come un bimbo piccolo e riposare e stare allegro.

---

[33] Teresa di Gesù Bambino, *Storia di un'anima*, Edizioni OCD, Roma 2010, Manoscritto «B», pp. 204-206.

2. *«Volevo dare a Dio qualcosa di molto bello e senza riserve»*

Torniamo a Madre Teresa. Da un punto di vista della vita spirituale sono espressioni che rivelano qualcosa di radicalissimo, una sorta di totale abnegazione di sé per piacere solo all'Amato. Quindi, nonostante possiamo dire con certezza che la sua santità era arrivata, ad un certo momento della vita, a far coincidere la sua volontà con quella di Gesù, sta di fatto che Cristo ha preso sul serio questo suo desiderio e ha fatto in modo che lo realizzasse eroicamente. In un certo senso possiamo dire che Gesù ha fatto in modo che Madre Teresa soddisfacesse questa sua santa brama, mettendola nelle condizioni di poter realizzare e manifestare nel concreto il suo amore per Lui.

Se per un verso la fonte più profonda delle opere di Madre Teresa fu l'incontro con Cristo, l'aver creduto al Suo amore, l'aver poi risposto di sì e l'essersi lasciata usare da Lui, dall'altro la fonte più prossima fu il suo voto privato fattoGli quando aveva 32 anni.

Brian Kolodiejchuk, per descrivere questo voto, di cui a conoscenza ne era solo il suo confessore, usa l'espressione «follia d'amore»[34]. In effetti fu proprio una follia ciò che Madre Teresa si impegnò a voler vivere. Una follia possibile solo perché lei stessa era folle di Cristo e non per capriccio personale frutto di non conoscenza di sé o di vanagloria. Non era neanche una sorta di illusione irrazionale che sarebbe stata irrealizzabile, frutto solo di ingenuità e presunzione. Ed infatti il suo confessore la autorizzò a fare questo voto perché ne conosceva la maturità umana e spirituale e perché sapeva che già tante altre volte Madre Teresa si era messa alla prova.

Il voto è espresso in queste parole: «Ho fatto un voto a Dio che mi lega, sotto il vincolo di peccato mortale, a darGli qualunque cosa Egli possa chiedermi "a non rifiutargli nulla"». Altrove, chiedendo preghiere per sé, scrive: «Chieda a Dio di non permettermi di rifiutarGli nulla, per quanto piccolo. Piuttosto, preferirei morire»[35]; sulla intenzione dei suoi atti afferma: «Questo è ciò che nasconde ogni cosa in me» e lo spiegherà con questa motivazione: «Volevo dare a Dio qualcosa di molto bello e senza riserve»[36].

Il movente appena espresso significa che nell'agire non avrebbe guardato a ciò che le sarebbe convenuto ma alle necessità degli altri e al loro bene e, quando in coscienza fosse stata certa che sarebbe stato volontà di Dio, lo avrebbe realizzato.

È un annullamento totale della sua volontà, della sua libertà, del suo riposo, della sua stanchezza, ecc. In poche parole di tutta la sua vita. Era sicura: ciò che ci fa più belli è donarci senza riserve. Questa radicale decisione di unirsi e donarsi a Cristo, le ha permesso di avere la chiarezza e la libertà di rispondere alla «chiamata nella chiamata».

L'intento di Madre Teresa era di amare totalmente e sempre Dio e questo l'aveva portata a fare un incontro talmente profondo con Lui che le ispirerà queste altre parole: «Perché dobbiamo donarci pienamente a Dio? Perché Dio ha dato a noi Sé stesso. Se Dio, che non ci deve nulla, è pronto a donarci nulla di meno di Sé stesso, risponderemo con soltanto una piccola parte di noi? Donarci pienamente a Dio è un modo per ricevere Dio stesso. Io per Dio e Dio per me. Vivo per Dio e rinuncio a me stessa, inducendo in questo modo Dio a vivere per me. Pertanto per possedere Dio, dobbiamo permettergli di possedere la nostra anima»[37].

L'amore può essere ricambiato solo con l'amore, non ci sono altre forme. Ogni altra forma di contraccambio sarebbe falso. Un legame così intenso era l'unico modo per sentirsi, e ne aveva la necessità visto che Lo amava senza confini, totalmente vincolata a Lui.

Tutto quello che è nato attorno a Madre Teresa, vocazioni, congregazioni, tutti i poveri aiutati, tutti coloro che sono morti in pace, tutti i cuori che si sono lasciati sedurre dalla sua bontà, tutto, proprio tutto quello che Madre Teresa ha fatto, non è altro che questa opera comune tra lei e il suo

[34] *Sii la Mia luce*, p. 39.
[35] *Sii la Mia luce*, p. 39.
[36] *Sii la Mia luce*, p. 39.
[37] *Sii la Mia luce*, p. 40.

Gesù: l'opera di due persone che si sono unite continuamente, fondendosi come un tutto unico in uno solo essere più perfetto e più fecondo. In un certo senso, senza voler cadere in affermazioni temerarie, Gesù stesso, con Madre Teresa accanto, si è sentito più fecondo e più bello, più perfetto. Proprio come quando due sposi amandosi con tutta l'anima e fisicamente, generano un figlio che assomiglia ai genitori. L'unione tra Teresa e Gesù ha generato qualcosa nel mondo che assomiglia ai suoi genitori.

Madre Teresa bramava una completa somiglianza non solo esteriore ma soprattutto interiore ai gusti di Gesù. Questo modo di percepire e vivere l'amore equivale ad un costante martirio interno che porta ad una libertà interiore illimitata, quella di essere in grado di donarsi; cioè la libertà da sé stessi, la libertà dell'amore. Chi ama veramente non cerca di cambiare l'amato a propria immagine e somiglianza ma di fare il contrario, non per spersonalizzarsi, ma per renderlo felice, per servirlo, per perdersi nell'amato, per dimenticarsi, perché il donarsi completamente diventa una esigenza necessaria: «La sottomissione per chi ama è più di un dovere, è una beatitudine», scriveva la Madre[38].

Con il suo voto la madre stava facendo in modo di non porre nessun limite al disegno che Dio aveva per lei e infatti, grazie a ciò, Dio la stava preparando per la nuova e definitiva chiamata che si sarebbe concretizzata in una delle meraviglie della storia universale: le Missionarie della Carità con due rami, uno di vita attiva e uno di vita contemplativa, i Fratelli Missionari della Carità anch'essi con il doppio ramo di vita attiva e vita contemplativa, i Padri Missionari della Carità e, come se non bastasse, anche due movimenti ispirati alla spiritualità di Madre Teresa: i Laici Missionari della Carità, sia per celibi che per sposati, ed il Movimento *Corpus Christi* legato ai sacerdoti.

Dove trovava la forza? Come le è stato possibile per più di 50 anni dedicarsi totalmente a questa opera? Come le è stato possibile irradiare sempre così tanta gioia, luce, pace, delicatezza, nonostante l'intensità di questi anni in cui non ha tenuto per sé neanche una goccia della sua vita? Potrebbe essere lunghissimo l'elenco dei meriti, dei fioretti, dei sacrifici. Madre Teresa è stata e sarà una domanda per l'umanità. Sia per quanto riguarda lo stupore che suscita il suo operato, sia se volessimo trovare una spiegazione a quello che ha fatto e a come ha vissuto. Ma la risposta si riduce essenzialmente ad una cosa: il suo sì a Gesù, totale, radicale, pieno, incondizionato, illimitato, perfetto e nello stesso tempo il sì di Gesù a lei. L'unione totale e devota di due anime in un *sì per sempre* è il miracolo più bello che possa accadere.

Teresa ha messo fuori della porta del suo mondo tutto ciò che di lei non poteva essere dato a Gesù, per Lui ha sacrificato tutto, con lui era sola nell'immenso spazio delle anime, l'intimità con Lui era più grande di tutto il resto del mondo. Teresa è stata una donna che con il suo consacrarsi senza riserve ha permesso a Dio di realizzare pienamente il Suo disegno d'amore per lei e per gli altri. Se è vero che «Nella vita ciascuno trova quello che vi mette»[39], Teresa può essere il paradigma di questa verità: ha messo amore totale e questo ha trovato! Questo ha prodotto! Questo ha scatenato in chi è passato accanto a lei: il desiderio di donarsi. E lei lo sapeva, lei lo voleva, voleva cioè che la sua vita servisse a suscitare desideri di santità, perché «La santità non è un lusso per pochi. È un dovere semplice per voi e per me. Io devo essere santa a modo mio e voi a modo vostro. La gentilezza è alla base della più grande santità. Se imparate l'arte della gentilezza diventerete sempre più simili a Cristo, perché il Suo cuore era mite ed Egli era sempre gentile nei confronti degli altri».

Non so se risulta difficile leggere e, nello stesso tempo, durante la lettura, considerare il peso esistenziale di quanto abbiamo appena detto, riuscire cioè a cogliere fino in fondo il peso specifico di cosa significhi, tradotto nella vita concreta, donarsi a Dio senza riserve. Forse possiamo solo intuirne qualcosa, sulla base della nostra esperienza di disponibilità o chiusura a Dio e al prossimo.

---

[38] *Sii la Mia luce*, p. 371.
[39] *L'azione*, p. 392.

Forse dovremmo ricordare ogni forma di fastidio o di sensazioni sgradevoli che proviamo quando veniamo disturbati nelle nostre comodità, spazi, privacy, ecc.

Se abbiamo chiaro quanto spesso ci costano certi piccoli o grandi sacrifici per gli altri e, se consideriamo che Lei non ha difeso neanche un centimetro o un minuto della sua vita, allora forse potremmo capire che ha vissuto l'ordinarietà in modo straordinariamente eroico: il martirio quotidiano dell'amore senza limiti!

V. NEMICA DELL'EGOISMO UMANO

1. In mezzo all'indifferenza e all'egoismo

In mezzo a tanta insensibilità, spesso espressione di ignoranza e miseria, lei ha condannato ogni forma di egoismo, ogni forma di indifferenza, di disinteresse, senza fare tanti clamori o critiche, ma solo con la sua generosissima impresa. Madre Teresa ha combattuto e vinto la battaglia più grande e difficile di ogni uomo: quella contro l'io. Ciò che lei ha fatto, lo ha fatto perché si è totalmente spogliata di sé; ed è per questo che la considero una superstite coraggiosa agli artigli dell'egoismo umano che tante vite stronca e blocca nel carcere del non senso e della meschinità. Oggi infatti in molti ambienti è l'impero dell'egoismo. Il peccato personale è diventato sociale e il dato più allarmante è che si è persa anche la coscienza di questo scandalo. Il disinteresse e l'egoismo vengono confusi con la libertà e questo smarrimento dei valori e del discernimento, deresponsabilizza le nuove generazioni in modo fatale: «Viviamo in una società che ci abitua sempre meno a riconoscere le nostre responsabilità e a farcene carico: a sbagliare, infatti, sono sempre gli altri», scrive Andrea Tornielli nell'introduzione al libro *Il nome di Dio è Misericordia.*

Madre Teresa però si è responsabilizzata di tutto l'egoismo persistente negli ambienti che ha frequentato, effetto sporco e iniquo anche delle nostre ricche società, e senza clamori ha lasciato riscrivere a Dio, partendo dagli sbagli degli altri, storie di redenzione per i poveri e i peccatori. Per le strade di Calcutta dilagava la generosità delle Missionarie della Carità!

In mezzo a territori (possiamo dire) eticamente selvaggi, vista la cultura fatalista e rassegnata che li abitava, in cui i ricchi prosperavano solitari cercando di difendere la propria sicurezza e incolumità scartando i poveri, e questi invece andavano alla deriva da soli nelle strade, morendo di stenti, il suo modo di agire e relazionarsi, cioè la sua risposta alle esigenze dei poveri, ha portato maggiore confidenza anche nella vita stessa dei ricchi. Ha fatto in modo che, nelle relazioni tra ricchi e poveri, le istanze di confidenza prevalessero su quelle della sicurezza, in modo che quest'ultimi non venissero più guardati come parassiti inutili da cui difendersi e stare alla larga, ma come alleati per vivere l'amore e diventare generosi. Molti benestanti, infatti, tramite la mediazione e le incessanti richieste di Madre Teresa, si sono resi conto che anche loro erano responsabili, in un certo qual modo, della sorte funesta dei poveri.

Nella vita di molti abbienti, l'esempio di Madre Teresa ne ha problematizzato alla radice, quando presente, il meschino egoismo e la chiusura, mettendone in crisi le sicurezze e le comodità economiche e di conseguenze di cure mediche, alimentazione, istruzione, ecc. Chi si è lasciato mettere in discussione si sarà senz'altro chiesto con pentimento: "Perché io, i miei figli, i miei familiari, abbiamo tutto e i poveri per strada nulla?".

Anche se molto provocatorie possono esserci utilissime le parole di Angelo Comastri che in un certo qual modo rispecchiano cosa la vita di un santo può anche generare attorno a sé: «Madre Teresa era limpida: per questo dava fastidio a chi è sporco. Madre Teresa difendeva la vita: per questo dava fastidio a chi uccide la vita. Madre Teresa non aveva una briciola di egoismo: per questo dava fastidio a chi affoga nell'egoismo. Madre Teresa produceva opere: per questo dava fastidio a chi produce soltanto chiacchiere»[40].

L'amore di Dio e la Sua tenerissima misericordia, portati da lei in giro per i tuguri, hanno commosso e disarmato tanti cuori chiusi nell'indifferenza.

Il perché della vita è scritto nella vita di chi ama! Il segreto del senso dell'*io* si svela solo nel *tu* e nel *noi*. I nostri bisogni spirituali ed affettivi più profondi si estinguono nell'appagare quegli degli altri. Disinteressarsi di sé e il modo migliore per occuparsi di sé. La cura migliore per le nostre ferite è curare le ferite degli altri. La via più sicura per la nostra felicità è nel fare in modo che lo

[40] *Ho conosciuto una santa*, p. 139.

siano gli altri. Perché noi siamo quanto sappiamo amare: tutto quello che ci appartiene, dal tempo, alla salute, dalle qualità ai difetti, tutto ci è stato donato per gli altri. A noi appartiene veramente solo quello che gli altri ci donano con amore. Noi siamo esseri per gli altri. Noi siamo dono a noi stessi ma per donarci agli altri. Noi non siamo nostri ma degli altri. Noi siamo, restiamo, viviamo, in tutto ciò che abbiamo fatto per gli altri. Noi restiamo *vivi* solo nella gratitudine di chi abbiamo amato, perché *tutto passa*. Solo l'amore è indelebile, il resto viene cancellato. Madre Teresa per me è una matita indelebile, perché per inchiostro ha messo la sua vita, e perché lo Scrittore è stato Dio.

VI. «COMPLETAMENTE ALTRUISTA»

1. Instancabile lavoratrice

Quando Madre Teresa faceva qualcosa, le si dedicava anima e corpo. Una delle sue compagne disse di lei: «Era una lavoratrice instancabile, davvero. Sempre pronta: ora a questo, ora a quello. Non voleva mai sottrarsi a nulla»[41].

Molto prezioso questo racconto di Saverio Gaeta: «Spegnere metaforicamente quella sete di Gesù era il compito che lei aveva preso su di sé [...]. A livello personale, ciò non avveniva soltanto mediante l'assiduo lavoro che la impegnava sino a venti ore al giorno, ma anche con sofferenze fisiche delle quali non si lamentava mai e che comprendevano il mal di testa cronico, da lei definito come "la mia corona di spine"»[42].

La capacità di consegnarsi completamente fino a lasciarsi consumare era una prerogativa del suo modo di vivere. Era completamente altruista. Viveva per Cristo, i poveri e le sue sorelle, senza risparmiarsi un attimo. Il poco tempo libero a disposizione lo impiegava per qualche ora di sonno e per rispondere alla corrispondenza. Anche quest'ultima, era qualcosa, che comunque non faceva per sé ma per gli altri. Fino alla fine, fino a quando poté essere autonoma, dette tutto quello che aveva. Lo confermano tante testimonianze delle sorelle e di altri suoi conoscenti.

Non voleva perdere tempo e non aspettava che i poveri andassero a cercarla. Il suo zelo la faceva stare sempre in quella santa inquietudine che non trova pace, perché sapeva che c'erano tante anime da salvare, corpi da curare, abbandonati da consolare. Insieme alle sorelle, quasi come dei segugi, andavano sempre alla ricerca degli ultimi.

Andò a cercarle non senza un certo criterio però. Teneva tantissimo ad alcuni requisiti che le suore avrebbero dovuto possedere: la lingua, l'adeguarsi il più possibile ai costumi dei poveri nel modo di vivere, l'assoluta povertà, nessuna pretesa di convertirli, molta delicatezza, sorriso, mitezza, umiltà. Doveva essere la carità ad attrarre! Questa, per la madre, non si identificava però solo con l'azione caritatevole concreta del portare loro da mangiare o del curarli. Il modo di porsi lo considerava essenziale. L'avvicinarsi ai poveri con incondizionata tenerezza e dolcezza, sono manifestazioni affettuose della vera carità che avrebbe fatto sentire amato in modo personale e speciale ogni indigente.

2. «Lasci che le persone si cibino di lei»

Una testimonianza di questa sua convinzione, sono senz'altro le seguenti parole a padre Van der Peet: «Caro padre, quando riceverà questa lettera, forse sarà solo con Gesù in ritiro. È proprio da lei chiedere di trascorrere tre mesi con Gesù, solo. Ma se durante questo periodo la fame di Gesù nel cuore della Sua gente sarà più grande della sua per Gesù, non dovrebbe rimanere con Gesù così a lungo. Deve permettere a Gesù di trasformarla in pane, per essere mangiato da tutti coloro con cui lei viene a contatto. Lasci che le persone si cibino di lei. Attraverso la Parola e la sua presenza lei proclama Gesù»[43].

Il riferimento riguarda il tempo da trascorrere da solo in ritiro, sia per stare con il Signore, sia per riposarsi. La madre gli consiglia di usare come criterio discriminante per decidere «la fame di Gesù nel cuore della Sua gente». Emerge una chiara connessione con il Corpo di Cristo: lasciarsi spezzare, offrirsi come nutrimento. Affiora anche un modo di parlargli molto schietto e radicale. E, se la bocca parla dalla pienezza del cuore, vuol dire che nel cuore di Madre Teresa c'erano questi desideri, questo modo di valutare, questo modo di donarsi.

---

41 *Sii la Mia luce*, p. 38.
42 *Il segreto della santità*, p. 111.
43 *Sii la Mia luce*, p. 288.

Più di una volta Madre Teresa si trovò in situazioni del genere: scegliere tra un eventuale ritiro personale o restare a disposizione delle sorelle. E nonostante Cristo fosse l'unica sua ragione di vita, cercò di privilegiare sempre la carità verso le consorelle, anche a costo di rinunciare a quei momenti di solitudine feconda che sarebbero state fonte di consolazione e ricarica spirituale. Il conforto personale veniva sempre dopo rispetto a quello che sentiva di dover dare agli altri. Lei si riposava sostando sulla croce nel servizio agli altri. Spendendosi trovava più energie spirituali e più zelo. *Esserci* era il suo ossigeno. La vera energia e la vera forza vengono dallo Spirito Santo. Chi ha l'Amore, che è lo Spirito Santo, non si stanca mai ed è disposto a perdere la vita per il prossimo. Chi ha la Carità non si lamenta mai delle cose che fa e delle cose che deve fare. Cristo è bello perché ama, poiché la Bellezza nasce da un atto di amore originario. Il dinamismo dell'origine, cioè il dono, è la caratteristica essenziale ad ogni ente. Nella persona umana deve passare però dalla libertà, perché il dono già presente diventi volontà di donarsi.

VII. SUA VITTIMA, PAGARE IL PREZZO DELLE ANIME

1. *«Non posso andare da solo: essi non Mi conoscono...»*

La vocazione del cristiano è amare, soffrire, salvare anime[44]. Amare è non uccidere. Tutte le volte che non amo uccido. Per non uccidere devo amare senza riserve. Amare senza riserve significa anche soffrire: morire. Quindi per amare devo essere disposto a lasciarmi uccidere. Solo questo tipo di amore salva chi non ha conosciuto l'amore di Dio. Non siamo nella Chiesa per stare al centro dell'attenzione, né per ricevere medaglie e neanche per non subire ingiustizie. Siamo nella Chiesa per ricevere e dare misericordia a tutti, per portare i pesi gli uni degli altri.

Nel 1947 Madre Teresa riceve queste parole da Gesù: «Piccola Mia, vieni, vieni portaMi nei "buchi" dei poveri. Vieni, sii la Mia luce. Non posso andare da solo: essi non Mi conoscono e quindi non Mi vogliono. Vieni, vai in mezzo a loro, portaMi con te dentro di loro. Quanto desidero entrare nei loro "buchi", nelle loro case buie e infelici. Vieni, sii la loro vittima! Nella tua immolazione, nel tuo amore per Me, loro Mi vedranno, Mi conosceranno, Mi vorranno. Offri più sacrifici. Sorridi più teneramente, prega con maggior fervore e tutte le difficoltà scompariranno»[45].

In queste parole, oltre ad emergere l'umiltà di Gesù, che sa perfettamente quanto Madre Teresa è importante come vettore del Suo amore, affiora la chiamata specifica ad essere *vittima* delle anime e di Gesù, per le anime e per Gesù. Cosa significa *essere vittima*? Un prova vivente furono gli *alter ego*.

C'è una lettera rivolta ad una amica sofferente in cui Madre Teresa spiega esattamente cosa significa offrire a Dio i propri dolori per amore degli altri: «Sono molto felice che tu voglia unirti ai "membri sofferenti" delle Missionarie della Carità. Capisci cosa intendo? Tu e tutti gli altri che si uniranno a noi prenderete parte alle nostre preghiere, opere e a qualsiasi cosa compiamo per le anime, e voi farete lo stesso per noi, con le vostre preghiere e sofferenze. Vedi, il fine della nostra congregazione è saziare la sete di Gesù sulla Croce di amore delle anime, lavorando per la salvezza e santificazione dei poveri nei bassifondi. Chi potrebbe farlo meglio di te e degli altri che soffrono come te? Il tuo dolore e le tue preghiere saranno il calice in cui i membri operativi verseranno l'amore delle anime che raccogliamo. Pertanto voi siete altrettanto importanti e necessari per la realizzazione del nostro fine. Per saziare la Sua sete dobbiamo avere un calice, e tu e gli altri, uomini, donne, bambini, vecchi, giovani, poveri e ricchi, siete tutti i benvenuti a formare il calice. In realtà, puoi fare molto più tu dal tuo letto di dolore di quanto faccia io andando in giro, ma noi due insieme possiamo fare tutto in Lui che ci dà forza. [...]»[46].

È bellissimo e sapiente il paragone tra sofferenze, preghiere, calice. Il vino dell'amore delle anime, sarebbe stato versato nel calice prezioso fatto con le preghiere e i patimenti dei sofferenti, che volentieri avrebbero accettato la loro condizione e l'avrebbero donata a Gesù. Così avrebbero saziato la Sua sete, servendogli l'amore degli ultimi nel fragile e preziosissimo cristallo del dolore.

Bisogna pagare un prezzo per avvicinare a Dio chi è lontano. Che lo Spirito Santo ce lo marchi in testa e nel cuore. C'è un prezzo da pagare! Non possiamo pensare di essere Chiesa se non rischiamo nulla, se siamo disposti a fare il bene solo quando non ci sono grattacapi. Il sentire la responsabilità per la salvezza e la cura delle anime dev'essere una sensibilità che non può spegnersi quando ci viene chiesto di andare oltre quello che avevamo calcolato di mettere a disposizione.

La vita di Madre Teresa potrebbe oggi dirci queste parole: "Se scegli di stare accanto a chi ha bisogno devi essere disposto a non difendere nulla di te: né tempo, né denaro, né affetti. Tutto devi mettere a disposizione, perfino il tuo modo di intendere la tua chiamata, perché se vuoi amare devi

---

[44] Gesù a Madre Teresa. «[...] la tua vocazione è di amare soffrire e salvare anime. Compiendo questo passo, realizzerai il desiderio del mio cuore per te»; *Sii la Mia luce*, p. 107.

[45] *Sii la Mia luce*, p. 108.

[46] *Sii la Mia luce*, pp. 154-156.

dare tutto. Se non sei disposto a perderti, ad essere criticato, a subire ingiustizie, ad essere sfruttato, a dare senza ricevere, rimani nelle tue comodità. Non essere un ingannato credendoti generoso, perché non lo sei! Dio ha bisogno di veri soldati disposti a giocarsi tutto".

2. *Guardare tutto sotto la luce dell'eternità*

Per non crollare sotto il peso della croce o scappare di fronte ad essa, ed anche per scegliere bene nella vita, bisogna guardare tutto sotto la luce dell'eternità. Cosa significa? Lo spiega alle suore: «La gioia di amare Gesù proviene dalla gioia di condividere le Sue sofferenze. Quindi non lasciatevi turbare o angosciare, ma credete nella gioia della Risurrezione. In tutte le nostre vite, come nella vita di Gesù, la Risurrezione deve arrivare, la gioia della Pasqua deve sorgere»[47].

Come cristiani siamo chiamati a restare sulla croce accanto a Gesù aspettando il momento della risurrezione. Accanto a Lui possiamo stare fiduciosi, sereni e perfino allegri.

Il più delle volte ogni persona, quando soffre, nel corpo oppure per difficoltà esterne, non si angoscia soprattutto per il dolore fisico o per la situazione faticosa. Ciò che più di tutto la inquieta fino a tormentarla è l'interpretazione che dà alla sofferenza. Tutto dipende da come ciascuno di noi guarda il male. È quindi la sofferenza morale che fa diventare insopportabile un eventuale problema di carattere fisico o circostanza esterna problematica. Ed anche in quelle afflizioni specificatamente di carattere affettivo o morale, più della sofferenza in sé, ci danneggia l'interpretazione nostra, l'eventuale solitudine che sperimentiamo, l'incomprensione, il non riuscir a vederci un significato o un senso. Ma noi *siamo oltre* la nostra sofferenza, *siamo di più*! Con il dono della fede dovremmo imparare a vedere tutto sotto la luce dell'eternità. Cioè: vedere ogni dolore e ogni problema, cercando di non assolutizzarlo, ridimensionandolo con la certezza che siamo figli di un Padre buono, che Lui si occupa di noi e soprattutto che l'ultima parola su tutto ce l'ha avuta Dio facendo risorgere Suo Figlio dalla morte. Ogni croce, con l'aiuto di Dio, dobbiamo affrontarla nel giusto modo da un punto di vista spirituale e tutto può cambiare o per lo meno migliorare. Se la croce è grande guardiamola, mettiamola, accanto a Dio Creatore dell'universo e diventerà molto più piccola e sopportabile.

C'è poi il carattere redentivo di ogni sofferenza che come cristiani dobbiamo sfruttare! Ogni dolore può essere offerto a Dio per la nostra santificazione e soprattutto per riscattare anime lontane da Lui. Se tutte le volte che abbiamo un problema, di qualsiasi tipo, invece di mormorare, di stare in pena, di angosciarci, dicessimo con allegria a noi stessi: "in questo periodo, ho qualcosa di molto prezioso da offrire al Signore" parteciperemmo alla diffusione del Vangelo anche in questo modo, anzi, soprattutto in questo modo.

Leggiamo una lettera rivolta alla Madre: «Sapendo che una Missionaria della Carità doveva essere disposta a considerare la sofferenza come parte della propria vocazione, ecco quanto scrisse a una delle sue sorelle: "Mia cara figlia, grazie per la tua bella e consolante lettera del 14. Continua a contemplare il Sacro Cuore. Perché preoccuparsi se sia tubercolosi o no? Tu sei Sua e questo è il Suo dono a te, Sua sposa. Non è stata forse la Madre (Cioè Madre Teresa. Così si riferiva a sé stessa) a insegnarti a dire per la professione: voglio diventare la sposa di Gesù crocifisso? Non Gesù glorioso o nel Presepe, ma sulla Croce, solo, nudo, sanguinante, sofferente, morente sulla Croce. Così, se sarai tu la prima della congregazione che Lui sceglie per essere sola sul letto della Croce, allora figlia mia dobbiamo ringraziare Dio per tutto, per questo Suo amore speciale per te, per me e per la congregazione. Tu sei ancora solo una bambina e la vita è bella, ma la via che Lui ha scelto per te è la vera via, quindi sorridi, sorridi alla mano che ti colpisce, bacia, la mano che ti sta inchiodando alla Croce. Anch'io, come te, credo che tu abbia la tubercolosi, ma lasciamo che facciano di te quello che vogliono. Sii come un agnellino, sorridi a tutti. Non ti preoccupare, elemosinerò il denaro e verrò a trovarti non appena avrò notizie più sicure dalla tua superiora. Che

[47] *Sii la Mia luce*, p. 305.

guardino e vedano soltanto Gesù [...] Ama Gesù e conserva un cuore sorridente per Lui. Tutti questi pensieri inquietanti vengono dal maligno. Ignorali. Dio ti benedica, figlia mia"»[48].

In un certo senso Madre Teresa così stava dicendo alla suora: "La responsabilità su di te, ce l'ha Lui. È Lui che deve preoccuparsi di te, perché tu ti sei consegnata totalmente e definitivamente a Lui. Quindi non preoccuparti di nulla, perché tutto quello che permette Lo permette perché tu Gli hai detto che può fare di te quello che vuole. E a Lui interessa fare il massimo per te, con te per gli altri. A Lui interessa farti bella per sposarti e con questo dolore ti sta ricoprendo di pietre preziose".

La sofferenza, anche la più tremendamente morale o fisica, non può distruggerci: cioè non ha un potere ontologico di annientarci come persone. Il nostro spirito, creato direttamente da Dio, è già da ora immortale e quindi indistruttibile. Noi siamo figli di Dio, Sua proprietà. La Sua volontà su di noi è la nostra salvezza, la nostra pace, la nostra gioia. Siamo immersi in Lui. Tutto l'essere dell'universo è immerso in Lui. Niente deve terrorizzarci e se anche fossimo tremendamente terrorizzati, siamo sempre tra le Sue mani. Totalmente. Lui ci ama. Dobbiamo guardare sempre a Cristo crocifisso e risorto, perché più assumiamo docilmente in noi il dolore che Dio permette, più lo annulliamo e più entriamo in un piano di redenzione divina misterioso. La vittoria sulla sofferenza avviene nel momento più alto e scandaloso di essa, nel momento in cui pensiamo di toccare il culmine del dolore, come Gesù sulla croce abbandonato. Lì, in quel momento, la croce diventa definitivamente salvezza non solo per noi ma anche per coloro per i quali la offriamo.

Se non fossero consigli frutto della fede resterebbero solo parole temerarie e presuntuose. Se non fossero parole già vissute nella sua vita sarebbe solo ipocrisia!

Questo atteggiamento di fede straordinaria, frutto di abbandono, produce un abbandono ancora più grande che diventa luce sovrannaturale, che brilla e porta coraggio a chi osserva. Chi più di un sofferente grave, che vive la sua malattia nella fede, può portare fiducia in Dio nella vita agli altri? Quando si attraversa la valle del dolore è normale che la speranza venga messa alla prova ma se si rimane sulla croce accanto a Gesù, questo abbandono può portare tanta forza anche agli altri, come testimonianza di luce e speranza anche in mezzo alla tenebra più cupa o al presente più opprimente, che non lascia davanti a sé nessun orizzonte di futuro.

[48] *Sii la Mia luce*, pp. 164-165.

CAPITOLO SECONDO: LA SPERANZA

I. «Tutto ho compiuto!»: il Senso della vita

1. Compiere la vita

La vita è un compito grave, da compiere, per poter alla fine dei nostri giorni dire: "tutto ho compiuto, tutto è compiuto, ho consumato me stesso nel compito che dovevo compiere"; come Gesù stesso ha detto dalla croce prima di morire.

In mezzo agli ambienti più miserabili, così ridotti a causa della povertà, da nobile della beatitudine di quel Dio in cui credeva, ha portato abbondanza di amore, ricchezza di gioia, copiosità di sorrisi, eccedenza di impegno. Portando ciò ha portato senso, sapendo dare significato infinito ad ogni vita che non apparteneva più a nessuno, forse neanche a chi ormai la stava riconsegnando al Creatore, solo, abbandonato, disperato, ricco solo di piaghe puzzolenti, di sporcizia, di disperazione. La sua compassione per i poveri denuncia quell'ipocrita sentimento borghese, una via di mezzo tra empatia e filantropia astratta, che però sempre rimane solo un sentimento per costruire dibattiti televisivi senza mai sporcarsi le mani. È facile amare l'umanità in generale! Il vero amore però si dà alle persone concrete, fatte di pregi, difetti, ferite, risorse.

Non ho mai incontrato di persona questo piccolo gigante dell'amore e della tenerezza. Chissà, chi l'ha incontrata, cosa avrà provato o sperimentato! A me viene da pensarla quasi come ad una vera e propria inviata dell'altro mondo, una sorta di ambasciatrice speciale di Dio per mostrarci come si ama, quale è la dignità di ogni uomo, come si vive la vita. La sua vita si è spenta sazia di opere d'amore, quelle sulle quali verremo giudicati dal buon Dio. Perché solo Dio, che è amore, è in grado di giudicarci solo sull'amore, giacché ognuno giudica secondo quello che realmente è. Per cui, Satana, che è scelta del peccato, ci accusa dei nostri peccati mentre l'uomo, invece, giudica condizionato da ciò che è e da ciò che vive e si porta nel cuore, nel bene e nel male. Se nel suo cuore c'è bontà giudicherà tutti con bontà, se nel suo cuore c'è malizia troverà in tutti malizia, *perché tutto è puro per i puri!* (cfr. Tt 1,15).

Mi viene da pensare a Madre Teresa come il giudizio di Dio per ogni povero che ha incontrato. Un giudizio di compassione e accoglienza.

Per lei, ogni persona che ha servito, è stata un imperativo categorico che le faceva dimenticare la sua stessa vita, per prendersene cura con devotissima dedizione e maternità. La sua esistenza è stata una delle sorprese più belle che Dio ha fatto ai Suoi figli. È stata la grande vita di una piccola donna che, ridottasi all'essenziale, per vocazione e per scelta di risposta a questa chiamata, ha ostentato umilmente, come un ostensorio con il Corpo di Cristo, quanto può l'Amore prendere carne in ogni persona umana quando si compie la *kenosi* dell'io.

Rivolgendosi alla folla, con di fronte Gesù, Pilato disse: «*Ecce homo*» (cfr. Gv 19,5). La Chiesa, elevandola ufficialmente alla canonizzazione, può dire al mondo: "Ecco il Vangelo, ecco come si vive il Vangelo, ecco un esempio concreto di esistenza piena, realizzata, compiuta, che ha colpito il bersaglio!".

Gli sforzi di Madre Teresa per portare, ovunque andava, la speranza, ci testimoniano e ci confermano la bontà di Dio, la Sua premura, il Cielo stesso, perché il suo stile di vita e l'offerta di sé, sono state espressione di qualcosa di sovrannaturale. Madre Teresa ha fatto scrivere a Dio, tramite la sua totale disponibilità, parole indelebili: cioè opere di vita eterna.

Chi spera in Dio regala gioia al prossimo. Madre Teresa ha sperato con tutta l'anima in Dio. Madre Teresa ha regalato un oceano di gioia ad un incalcolabile numero di persone.

La compiutezza della vita è qualcosa di fondamentale per vivere e morire felici. Non c'è cosa più orribile di chi non si sente realizzato, di chi si sente inutile perché non ha lavoro, di chi soffre perché di fatto è egoista e non sa amare nessuno e non se ne rende nemmeno conto. Ogni uomo ha bisogno di autodeterminarsi, cioè di dare una forma alla sua vita tramite le scelte, frutto di sana libertà e responsabilità. Non c'è vera crescita umana e spirituale senza amore perché: «L'essenza e la misura della crescita spirituale è l'aumento della carità»[49]. Non è mio merito infatti il bene fatto per effetto e non per intenzione. Esso non produce in me tracce di bene. Sarà un bene oggettivo, per chi ne usufruirà, ma per me no.

2. *Scegliere bene*

La speranza è dono di Dio ma si nutre anche dell'azione, cioè delle opere, che ci impegnano e ci aprono al futuro tramite ciò che costruiamo. Quello che di noi mettiamo nelle nostre azioni e nelle nostre opere diventa come un'ancora che viene lanciata verso il futuro e ci tira a sé, e quando si arriva ad un obbiettivo, continuando a costruire altro di bello e buono, quest'ancora viene rilanciata ancora verso l'avvenire e così via. Le nostre azioni quindi costruiscono e plasmano il nostro domani, cioè lo *aprono* rendendolo possibile, rendendo possibile la nostra autodeterminazione e quindi la nostra realizzazione nel bene compiuto e da compiere.

Ogni scelta e le conseguenti azioni a favore di questa, creano l'attesa della realizzazione e il compimento del fine per il quale agiamo e viviamo. Poiché «Le nostre attese sono il nocciolo tematico dei nostri desideri»[50], se le scelte fatte sin dalla più giovane età sono autentiche e dignitose per noi e per gli altri, creeranno delle attese elevate e nobili e queste aspettative attueranno a loro volta un dinamismo di desideri che aspirano veramente al bene, al buono, al bello, cioè ad una vita d'amore. D'altronde, l'azione si nutre di desideri e questi si nutrono del cibo con il quale ci siamo sfamati, o siamo stati nutriti. L'uomo da sé non produce nulla: ha bisogno di foraggiarsi. I suoi desideri sono frutto del suo cibo. Più di ogni altro impegno, oggi, è indispensabile quello di alimentare nobili desideri nei nostri giovani, nutrendoli con ideali alti e santi e difendendoli dal cibo velenoso che il mondo propone loro con astuzia e inganno, facendo leva sulla loro fragilità, sulla mancanza della famiglia e quindi su un'educazione al bene, al vero, al bello, alquanto scarsa se non inesistente.

Ogni scelta non ha solo valore spirituale in riferimento a Dio, ma porta con sé conseguenze sulla vita comune e quindi degli altri. La vita di Madre Teresa ha avuto ripercussioni non solo da un punto di vista religioso, ma anche da un punto di vista sociale, da un punto di vista della dignità e dei diritti di ogni persona umana e da un punto di vista etico.

Credo che Madre Teresa ci abbia anche insegnato che ognuno di noi debba andare alla ricerca del significato e di conseguenza del senso da dare alla propria vita. Ognuno di noi dovrebbe scoprire cosa è *significativo* per sé, e deve farlo con onestà e rettitudine, stando attenti a non farsi condizionare solo da ciò ch'è semplicemente *piacevole.* Non sempre infatti il *piacevole* ci porta al vero e al buono per noi e per gli altri. Bisogna essere educati ed educare, sin da piccoli, a questo discernimento e a questa fortezza. Abbiamo una grandissima responsabilità verso i giovani, verso le nuove generazioni, per il loro futuro! *L'educazione è questione di cuore* diceva San Giovanni Bosco, cioè va fatta nella verità ma con amore, perché educare al bene e alla responsabilità non è niente facile.

---

[49] SANT'AGOSTINO, *Le Confessioni*, Città Nuova, Roma 2007, vol. I Opera *Omnia*, *Introduzione*, p. CX.
[50] E. BORGNA, *Il tempo e la vita*, Feltrinelli, Milano 2015, p. 63.

3. *L'educazione di Madre Teresa*

Madre Teresa è stata molto ben educata dai suoi genitori: nella fede, nella bontà, nella generosità, nel rispetto verso gli altri, nel valore della famiglia. Sono tanti gli aneddoti e i racconti che abbiamo. È stata questa educazione, insieme all'esempio concreto dei suoi genitori e alla grazia di Dio, che l'ha plasmata nel più profondo del suo essere.

Raccolgo dall'ultima pubblicazione di Angelo Comastri alcune righe preziosissime.

«Nella casa di Agnese (la futura Madre Teresa), l'ospitalità era regola di vita e veniva praticata quotidianamente. Ogni giorno, a pranzo o a cena, c'era un'ospite fissa: l'anziana signora Markoni Kolë[51], il papà, diceva spesso ai figli: "Accoglietela bene e con amore, perché è povera e abbandonata e non ha nessuno". La futura Madre Teresa ascoltava e imparava. Non di rado il papà dava ai figli questa coraggiosissima norma di vita: "Quando vi sedete a tavola per mangiare un pezzo di pane, vergognatevi se non l'avete sudato. E se l'avete sudato, vergognatevi se non ne date un pezzo a chi non ha niente".

Lazzaro, il fratello di Madre Teresa, così ricorda il padre: "Ricordo con gioia la generosità di mio padre. Donava a tutti cibo e denaro, senza farlo notare, né vantarsi. A volte inviava anche me per portare denaro, vestiti, cibo e altri aiuti ai poveri della nostra città. Mi diceva sempre così: voi dovete essere generosi con tutti, perché Dio è stato ed è generoso con noi, ci ha dato tanto, ci ha dato tutto, perciò fate del bene a tutti".

Madre Teresa è sbocciata nel calore di questi esempi e di questi insegnamenti meravigliosamente convincenti. La mamma Drane era ugualmente una donna straordinaria. Madre Teresa un giorno confidò: "Quando penso a mia mamma e a mio papà, mi viene sempre in mente quando alla sera eravamo tutti raccolti insieme per pregare. Vi posso dare un consiglio? Tornate tutti insieme a pregare in famiglia, perché la famiglia che non prega insieme, non sta in piedi. Vi confido una mia convinzione: mai abbiamo avuto tanto bisogno di pregare insieme come oggi. Penso che tutte le difficoltà del mondo abbiano origine dal fatto che non diamo più tempo ai bambini, alla preghiera in famiglia, alla vita insieme. Tutte le crisi del mondo vengono da questo: i genitori sono così presi dal lavoro, che non hanno più tempo per i figli, non hanno più tempo neppure per sorridersi l'un l'altro".

La mamma Drane era l'anima, il cuore della casa. Ha raccontato Madre Teresa che lei, quando sapeva che il papà alla sera stava per ritornare dal lavoro, saliva in camera e si metteva in ordine per presentarsi al marito sempre accogliente. Una volta, addirittura, sapendo che il marito tornava da un lungo viaggio, si assentò e ritornò con il vestito da sposa. I figli, meravigliati, dissero alla mamma: "Mamma, che stai facendo? Non siete più fidanzati!". La mamma diede una risposta formidabile: "Sappiate che vostro padre io lo sposo ogni giorno!". Madre Teresa quando raccontava questo particolare, con evidente emozione aggiungeva: "Quando la mamma disse queste parole, io mi sentii la figlia più felice del mondo". Avendo avuto esperienza di una simile famiglia, si capisce perché Madre Teresa amasse la famiglia e la difendesse dal vento demolitore dell'egoismo e dell'individualismo che soffia nei nostri paesi del benessere... disumano!»[52].

Un altro aneddoto della Madre ci serva per provare nel concreto quanta sensibilità può regnare nel cuore di chi sin da piccolo è stato educato alla carità e all'accoglienza senza riserve.

«Un giorno stavo camminando per la strada a Londra e ho visto un uomo alto, magrissimo seduto all'incrocio, raggomitolato su sé stesso, l'aria profondamente infelice. Mi sono avvicinata, gli ho stretto la mano e gli ho domandato come stava. Ha sollevato lo sguardo su di me e ha detto: "Oh! dopo tanto, tantissimo tempo sento il calore di una mano!". E si è alzato. C'era un sorriso così

[51] Morì nell'autunno del 1918 al termine della prima guerra mondiale. Fu avvelenato durante una cena politica a Belgrado, forse perché sostenne e difese con passione i diritti degli albanesi. Sostiene Angelo Comastri che a Skopje veniva chiamato *il padre dei poveri*; cfr. *Ho conosciuto una santa*, p. 31.

[52] *Ho conosciuto una santa*, pp. 28-30.

radioso sul suo volto perché qualcuno era stato gentile con lui. Il semplice gesto di una stretta di mano gli aveva dato la possibilità di sentirsi qualcuno. Per me, era Gesù sotto le spoglie del dolore. Gli avevo donato la sensazione di essere amato da qualcuno»[53].

[53] *Il mio segreto: prego*, p. 104.

II. La sete di Gesù

1. Sulla croce si svela la Verità

Quanto più è profondo il nulla, l'angoscia e la disperazione che un'anima sperimenta tanto più profonda è la sete di Cristo per quell'anima. La sete di Gesù è intensa tanto quanto è intenso il desiderio di felicità di ogni anima, di ogni tempo e di ogni luogo. La nostra felicità è la sete di Cristo. Cristo è assetato della nostra gioia. Lo disseta solo la nostra gioia. L'unica bevanda che disseta Cristo è la nostra gioia. È dovuto andare fin sulla croce per farcelo capire. Cosa avrebbe dovuto fare di più? Ha scelto di morire per mostrarci quanto ci ama. Chi è in grado di amare così?

Sulla croce si svela la verità: Dio è innocente, Dio sa solo amare e giudicare con verità e misericordia. Dio non può non amare. Noi l'abbiamo ucciso e se non fosse stato per il Suo perdono saremmo rimasti per sempre nelle tenebre. Ed infatti, in quel momento, così andarono le cose: «Quando fu mezzogiorno, si fece buio su tutta la terra fino alle tre del pomeriggio» (Mc 15,33). *Il Sole che nasce dall'alto* si eclissò (cfr. Lc 1,78b), lasciando che la Sua luce si offuscasse momentaneamente per essere ridonata all'umanità dopo tre giorni. La luce che sfolgorava durante la trasfigurazione si occultò perché scese negli inferi «[...] per risplendere su quelli che stanno nelle tenebre e nell'ombra di morte, e dirigere i nostri passi sulla via della pace» (Lc 1,79). Per un breve momento Dio si è nascosto, per rivelare Chi è veramente.

Nel momento più buio, la Verità si dona e risplende totalmente: «Davvero quest'uomo era Figlio di Dio!» (Mc 15,38c), dice il centurione.

L'innocente è stato ucciso. Solo dopo la Sua morte abbiamo potuto scoprire chi fosse veramente: un innocente venuto a pagare per tutti, un capro espiatorio per frantumare ogni cattiveria, ribellione, avidità, potere. La menzogna primordiale del serpente, che diceva "Dio è geloso e cattivo", adesso viene confutata e demolita con l'amore. Sulla croce Cristo mostra chi è Dio. Chi è Dio? È Uno che su quel legno, completamente disarmato, impotente, indifeso, debole, mi dice: "fammi quello che vuoi, basta che credi che io sto dalla tua parte e ti amo".

La croce che si eleva da terra e che l'uomo superbamente contempla dicendo a se stesso: "sono riuscito a far fuori Dio, adesso sono libero", in realtà, è stata possibile solo perché Cristo ha voluto consegnarsi. *Dio è morto*, diceva Nietzsche, e *lo abbiamo ucciso noi*. Sì è vero, ma solo perché Egli ce lo ha permesso. Non presumiamo di essere in grado di annientare Dio. La croce allora non si eleva dalla terra, cioè non è opera dell'uomo. È un paradosso ma è così. È un abbraccio di Dio che scende dal cielo. La sua forma esprime quello che con essa il Padre ha voluto realizzare: prendere tra le braccia tutta l'umanità.

Il Cristo di *San Giovanni della Croce*, di Salvador Dalì, sembra proprio un abbraccio dall'alto di Dio all'umanità e lo sguardo del Cristo verso il basso, anche se non si vede il viso, lo interpreto come la preoccupazione di Dio per i Suoi figli. È talmente attento a loro e chinato, per guardare meglio, da pendere totalmente sospeso solo sulle mani inchiodate che lo tormentano di dolore, perché tutto il peso è caricato su di esse.

La durezza che Dio doveva rivolgere verso l'umanità peccatrice l'ha rivolta verso Sé stesso, verso il suo Figlio. Egli sa che siamo stati ingannati e quindi sta dalla nostra parte. Egli ci ha corretto con l'amore, ci ha puniti castigandosi, ci ha castigati amandoci. Il Suo castigo è stato il perdono, perché il nostro cuore potesse commuoversi di fronte a tanto amore. *Il velo del tempio che copriva il Santo dei Santi si squarcia in due* (cfr. Mt 27,51). Ciò che prima era nascosto adesso si rende evidente: «Dio è amore» (1 Gv 4,7c). Tutto è stato rivelato, perché tutto si è compiuto. Con lo squarciarsi del velo, Dio si svela e ci rivela che adesso anche il cielo, cioè il paradiso, si squarcia e ci viene *ri-aperto*, se crediamo come il ladrone che Egli è dalla nostra parte. Adesso, se vogliamo, il nostro destino è il cielo.

«Ormai il vecchio culto mosaico è annullato: si è aperto il santuario escatologico», dice S. Agostino. Il Figlio dell'uomo a differenza delle volpi che hanno le loro tane e gli uccelli del cielo il loro nido, non aveva dove posare il capo. Adesso sì. Chinato il capo spirò. Cristo non poteva riposarsi, non poteva posare il capo fin quando non avrebbe portato a compimento la volontà del Padre. «Lo zelo per la tua casa mi divorerà», recita il Salmo (Sal 69,10). È vero, questo zelo lo ha divorato. L'amore per il Padre e per l'uomo lo ha consumato. Adesso può riposarsi come un bambino stanco in braccio al Padre.

2. ... per saziare la sete di Gesù

Madre Teresa sentiva e viveva in sé questo amore senza limiti di Gesù per lei. Ed infatti la sete di Gesù sulla croce è il fondamento della sua nuova vocazione: «Fu una chiamata in seno alla mia vocazione, una seconda chiamata. Fu una vocazione a lasciare perfino Loreto, dov'ero molto felice, e andare nelle strade per servire i più poveri tra i poveri. Fu in quel treno che sentii la chiamata a rinunciare a tutto e a seguirLo nei bassifondi, per servirLo nei più poveri tra i poveri ... Sapevo che quella era la Sua volontà e che dovevo seguirLo. Non c'era dubbio che quella sarebbe stata la Sua opera [...] è lì che le Missionarie della Carità hanno avuto inizio, nelle profondità dell'infinito, ardente desiderio di Dio di amare e di essere amato [...] Fu in questo giorno del 1946[54], sul treno verso Darjeeling, che Dio mi diede la "chiamata nella chiamata" per saziare la sete di Gesù servendoLo nei più poveri tra i poveri. Il fine ultimo delle Missionarie della Carità è quello di saziare la sete di Gesù Cristo sulla Croce per amore e per le anime»[55].

Come ben sappiamo la sete è il bisogno umano più necessario, radicale e insopportabile, ma la sete di Gesù è infinita perché Gesù è Dio e Dio è infinito. Conversando con le sue suore così ragiona: «[...] Perché Gesù dice "Ho sete?" Cosa significa? È così difficile spiegarlo a parole [...] "Ho sete" è qualcosa di molto più profondo, per Gesù, che dire semplicemente "Io ti amo". Fino a quando non saprete nel profondo che Gesù ha sete di voi – non potrete cominciare a sapere chi Lui vuole essere per voi. O chi Lui vuole che siate per Lui»[56].

Saziare la sete di Gesù è soprattutto asciugare le lacrime di chi piange da solo e se è necessario piangere insieme. Non c'è nessuna lacrima versata che Dio non raccoglie. Tutte le custodisce nell'otre della Sua compassione per noi. Egli sa tutto di noi, conosce ogni pena dell'anima nostra e con noi piange.

---

[54] Madre Teresa attribuiva a questa data: 10 settembre 1946, l'inizio delle Missionarie della Carità e addirittura il suo stesso ingresso nella Congregazione.

[55] *Sii la Mia luce*, p. 51.

[56] *Sii la Mia luce*, p. 53.

III. Si è presa le anime che non attraggono

1. «Non hanno apparenza né bellezza per attirare i nostri sguardi»

Madre Teresa, per divino desiderio, è stata attirata dalle anime che non attraggono, che non hanno nulla di interessante, anzi ripugnano. Sono le anime che soffrono, sono le anime che destabilizzano. Ha vissuto le parole del profeta Isaia sul servo di Jahvé: «Non ha apparenza né bellezza per attirare i nostri sguardi, non splendore per poterci piacere. Disprezzato e reietto dagli uomini, uomo dei dolori che ben conosce il patire, come uno davanti al quale ci si copre la faccia, era disprezzato e non ne avevamo alcuna stima» (Is 53, 2b-3) ma non ha chiuso gli occhi.

Così sarà per Gesù al momento della passione. Così è per noi di fronte alle nostre croci o a quelle degli altri che ci chiedono aiuto, se in noi non c'è la Speranza. Certo, semplicemente da un punto di vista umano la sofferenza ripugna e mette paura. Certo, è doloroso entrare nei meandri oscuri di essa, soprattutto di quella vissuta spesso senza un senso dalle persone che per la società sono un rifiuto. La sofferenza dei depressi, degli ansiosi, dei folli, delle famiglie di chi è folle, dei tossicodipendenti che non riescono a lasciare la droga e dei loro familiari, della madre che perde un figlio, dei lebbrosi, dei barboni, dell'anziano lasciato solo, di chi vuole suicidarsi, di coloro che sono disprezzati da tutti. Di fronte a queste pene quasi tutti vorremmo chiudere gli occhi e non guardarle.

Madre Teresa invece ci è entrata e ha dato voce ad ogni sofferenza, a questi sofferenti, lasciandosi destabilizzare (come le successe quando si mise a correre scappando dalla donna che per strada era ferita e mangiata dai topi), inquietare, angosciare. Ha pianto con loro. Mai però si è abbandonata ad una disperazione nichilista e soprattutto mai li ha lasciati soli.

Aspetto straziante per chi soffre, soprattutto per chi sa che non ha più speranza di guarire, è sentirsi solo.

È vero che queste sono persone angoscianti e laceranti, ma sono persone reali, figli di Dio come me e come te! e dunque da ascoltare, da accogliere, da amare, perché della vita ci fanno presente uno degli aspetti che più ci inquieta: soffrire e nello stesso tempo essere rifiutati.

Dobbiamo essere capaci, con la grazia di Dio e con il nostro coraggio, di non aver paura di chi soffre, anche quando la sua afflizione corrisponde a quella che più d'ogni altra ci atterrisce. Simone Weil scrisse: «Il dolore ci inchioda al tempo, ma l'accettazione del dolore ci trasporta al termine del tempo, nell'eternità».

2. Essere rifiuti

Madre Teresa si è presa le anime che non hanno nulla di affascinante e le ha amate consapevole del fatto che la cosa più triste è sentirsi inutili e rifiutati, soli: «La sua oscurità era un'identificazione con coloro che serviva: era misticamente attratta nella profonda sofferenza che i poveri sperimentano a causa della sensazione di essere non voluti e rifiutati, soprattutto vivendo senza fede in Dio»[57].

Cosa potrebbe significare l'essere *non voluti* o rifiutati?

L'uomo si sente vivo nella misura in cui sa di essere amato, di essere voluto, di essere interessante per qualcuno e quindi nella misura in cui qualcuno si interessa a lui, nella misura in cui sa di essere nei pensieri di qualcuno. Un *rifiuto* non è solo qualcosa che a me non serve ma che non serve a nessuno, cioè qualcosa che non solo non ha valore per me, ma non lo ha in sé. Ecco perché è un rifiuto, cioè spazzatura. Il rifiuto è qualcosa che fiuto, che odoro e che percepisco come

[57] *Sii la Mia luce*, p. 223.

sgradevole e che con disprezzo gettare via senza rispetto. Il rifiuto è qualcosa di cui non vedo l'ora di sbarazzarmi perché emana cattivo odoro e da fastidio.

Come vive una persona che si sente spazzatura? Come dovrebbe interiormente sentirsi chi si sente così? Che, non solo viene rigettata, ma non è più oggetto neanche di quella attenzione che almeno si ha verso qualcuno non per interesse, ma per compassione o per pena?

Così è purtroppo la cultura induista indiana: estremamente fatalista e cinica. Infatti, nelle strade di Calcutta regnava, anche perché l'induismo predica la rassegnazione e il fatalismo, l'indifferenza totale. I poveri non suscitavano nessun coinvolgimento emotivo, nessuna compassione. Dev'essere qualcosa di molto desolante vivere così. Ecco perché molte di queste persone erano disperate e ormai disilluse. In queste condizioni, ricevere anche solo una minima attenzione o poter morire con accanto qualcuno che ti osserva e che sa che tu stai morendo, è tantissimo. Non c'è cosa più terribile di non ricevere attenzioni non solo in vita nel momento del bisogno, ma di morire senza che nessuno sa che stai morendo, senza che a nessuno interessi che tu stai morendo.

Madre Teresa con il suo amore ha fatto in modo che i moribondi potessero morire sapendo che ci fosse qualcuno accanto. Qualcuno che fosse interessato a loro non perché potessero risultare utili, ma *interessato-disinteressatamente* alla loro dignità tanto da interessarsi a loro anche nel momento in cui più non servono a niente e cioè nel momento della morte, anzi possono essere un peso in più.

IV. I NUOVI POVERI

1. *I luoghi dove vive Gesù*

Non per scelta ideologica contro i ricchi o contro la ricchezza perché, di fatto, ha frequentato quando è stato necessario e senza pregiudizi i primi ed ha usato di questa, per fare il bene, quando le è stata generosamente donata. Tutto è puro per i puri, anche la ricchezza. Sapeva farsi tutto a tutti e quindi stare con tutti: ricchi e poveri. Non disprezzava nulla di quanto Dio ha creato perché tutto è buono quando viene utilizzato per fare il bene. No. Nulla di tutto questo. Lei aveva scelto Cristo crocifisso perché da Lui era stata scelta e con Lui aveva scelto di servire l'umanità, quella parte di umanità che non serviva nessuno, che non servivano a nessuno. Solo per questo aveva scelto i poveri: perché erano quelli più deboli.

Ogni madre sa amare tutti i figli ma sa stare più vicina soprattutto a quelli più fragili. Anche Dio ha sempre scelto gli orfani e le vedove facendosi loro Padre e Difensore. Lo ha detto lei: «Quanto a me, ho un solo desiderio: amare Dio come non è mai stato amato, di un amore profondo e personale. Nel mio cuore non sembra esserci nient'altro che Lui, nessun altro amore che il Suo: le strade, Kalighat, i bassifondi e le sorelle sono diventati luoghi in cui Egli vive appieno la Sua vita d'amore»[58].

Voleva amarLo di un amore profondo e personale e c'è riuscita. La prova è che ogni povero si sentiva amato in modo profondo e personale e non come un numero facente parte di una massa di disgraziati: «Coloro che lei serviva sapevano che lei li amava, li capiva, soffriva con loro. Ciascuno percepiva di essere per lei l'unica persona al mondo in quel momento. Non era soltanto l'aiuto materiale, ma soprattutto il suo amore a fare la differenza». Lo afferma il postulatore Brian Kolodiejchuk.

Si può amare fino in fondo qualcuno solo se si è disposti a vivere la stessa vita, se si è disposti a condividerne le stesse situazioni, se si è disposti a portare la stessa croce. I poveri potevano sentirsi amati e capiti solo da altri poveri e nella povertà. La totale condivisione di vita, per capire e per amare, era necessaria. Lei e le sue suore dovevano quindi essere molto povere altrimenti non si sarebbero sentite degne di avvicinarsi a Cristo crocifisso presente negli ultimi: «Il mondo è troppo ricco per i poveri. Noi dobbiamo essere molto, molto povere in ogni senso del termine per guadagnare a Cristo il cuore dei poveri. I poveri sono amareggiati e stanno soffrendo perché non hanno la felicità a cui la povertà dovrebbe condurre se sopportata per Cristo [...]»[59].

2. *«Assoluta povertà»*

Totale condivisione di vita insieme ad una fervente preghiera e ad un legame profondo con Cristo. Non avrebbero avuto la forza altrimenti: «Per poter svolgere questo genere di opera è necessaria una vita di preghiera e di abnegazione: per avvicinarsi ai più poveri fra i poveri bisogna diventare come loro; per attirare i poveri a Cristo, è essenziale una completa povertà»[60]. E, con estrema chiarezza, lo scrisse a Périer: «Con "assoluta povertà", intendo povertà reale e completa; non fare la fame ma avere il minimo indispensabile, proprio solo ciò che i veri poveri hanno, essere davvero morte a tutto quello che il mondo pretende per sé»[61]. Bisogna essere come Gesù, nel corpo e nell'anima: «Gesù fu inviato da Suo Padre ai poveri, e per poter comprendere i poveri, Gesù ha dovuto conoscere e sperimentare quella povertà nel proprio corpo e nella propria anima. Anche noi

[58] *Sii la Mia luce*, p. 176.
[59] *Sii la Mia luce*, p. 102.
[60] *Sii la Mia luce*, p. 123.
[61] *Sii la Mia luce*, p. 119.

dobbiamo provare la povertà se vogliamo essere autentiche portatrici dell'amore di Dio. Per essere capaci di proclamare la buona novella ai poveri dobbiamo sapere cos'è la povertà»[62].

Madre Teresa ha scelto la povertà materiale ed ha accolto quella spirituale. L'ha accolta con generosità senza limiti, l'ha vissuta con abbandono senza remore: «Senza la sua oscurità interiore, senza conoscere un tale desiderio di amore e il dolore di non essere amata, e senza questa radicale identificazione con i poveri, Madre Teresa non avrebbe conquistato la loro fiducia e i loro cuori a tale profondità. [...] La sua oscurità divenne la sua più grande benedizione: il suo segreto più profondo era in realtà il suo dono più grande»[63]. Con la preghiera, le sue piaghe sono diventate guarigione per gli altri: «Immersa lei stessa nel dolore del rifiuto, era estremamente sensibile all'esperienza dei lebbrosi, che erano rifiutati, non voluti e non amati»[64].

Grande donna, smisurato amore, immensa fede, accesissima speranza, santa e i santi non possono non avere anche un elevato senso dell'umorismo: «All'inizio San Pietro non voleva farmi entrare in Paradiso perché lì non ci sono bassifondi, ma adesso il Paradiso è pieno di gente che proviene proprio dai bassifondi. Gesù dev'essere davvero felice di avere con Sé quelle migliaia di anime che arrivano da Lui, con tanto amore da Calcutta»[65].

La sua dolcezza e saggezza hanno convinto pure San Pietro!

3. La tenerezza di Dio anche nei particolari

Commoventi e bellissimi i due seguenti aneddoti: «Tre giorni fa abbiamo soccorso due persone mangiate vive dai vermi. L'agonia della Croce era sui loro visi. Quanto è terribile la povertà se non si è amati! Dopo che li abbiamo messi a proprio agio, avrebbe dovuto vedere il cambiamento. Il vecchio ha chiesto una sigaretta e, meraviglia di Dio, nella mia borsa c'erano due pacchetti delle migliori sigarette: un uomo ricco me li aveva dati quella mattina per strada. Dio aveva pensato al desiderio di quel vecchio»[66].

L'interpretazione provvidenziale che Madre Teresa dà di questo fatto è tenerissima! Dio aveva pensato ai desideri di quel vecchio, al desiderio di una sigaretta! Al piacere che avrebbe potuto provare nel fumarsi una sigaretta rasserenato dalla presenza di persone che lo amavano. Dio guarda anche ai particolari e se questi possono fare felice qualcuno, anche per un istante, non è tirchio né moralista.

Nella mia immaginazione penso che Madre Teresa avrà anche detto allegramente a quell'uomo: "Vedi, Dio ti vuole talmente bene che ha fatto in modo di farti avere anche delle sigarette!". E lui si sarà senz'altro stupito dell'attenzione del Dio di Madre Teresa che, prima lo raccoglie per strada, lo salva, lo cura, lo lava, e poi gli offre anche le sigarette! Anche così Madre Teresa ha evangelizzato, offrendo una sigaretta! Ha amato anche offrendo una sigaretta. Chi sa amare fa tutto con amore e in tutto quello che fa ama e, gli altri, lo sentono.

Un altro aneddoto. «Abbiamo raccolto un uomo dalle fogne, mezzo mangiato dai vermi, e l'abbiamo portato a casa. "Ho vissuto per strada come un animale, ma morirò come un angelo, amato e curato". Ed era così meraviglioso vedere la grandezza di quell'uomo che poteva parlare in quel modo, che poteva morire in quel modo senza darne la colpa a nessuno, senza maledire nessuno, senza fare paragoni. Come un angelo: questa è la grandezza dei nostri poveri. Ed è per questo che crediamo a ciò che ha detto Gesù: "Ero affamato, ero nudo, ero senza casa, ero non voluto, non amato, non curato, e voi lo avete fatto a me"»[67].

---

[62] *Sii la Mia luce*, p. 240.
[63] *Sii la Mia luce*, p. 241.
[64] *Sii la Mia luce*, p. 182.
[65] *Sii la Mia luce*, p. 314.
[66] *Sii la Mia luce*, p. 296.
[67] *Sii la Mia luce*, p. 297.

L'amore porta con sé anche stima, altrimenti e una sorta di superba compassione. C'è un modo di amare i poveri che per loro è tremendamente umiliante e magari accolgono ciò che viene loro dato solo perché ne hanno necessità. C'è anche il modo di Madre Teresa che sapeva amarli con smisurata stima: «I nostri poveri sono grandi persone, persone molto amabili. Non hanno bisogno della nostra pietà o compassione. Hanno bisogno del nostro amore comprensivo e del nostro rispetto. Abbiamo bisogno di dire ai poveri che loro sono qualcuno per noi, che anche loro sono stati creati dalla stessa mano amorevole di Dio, per amare e per essere amati»[68].

4. Morire di solitudine, essere dimenticati

L'amore di Dio è fecondo e stava preparando la madre anche per altri ambienti. Era partita per andare a cercare dentro i buchi oscuri dei bassifondi di Calcutta i più poveri tra i poveri ed i lebbrosi. Successivamente non più solo Calcutta ma tutta l'India, e poi il mondo intero, fu invaso dall'amore di Madre Teresa e delle Missionarie della Carità. Col passare degli anni iniziò a cercarli e a trovarli anche tra i benestanti e ad identificarli con tutti coloro che patiscono solitudine e rifiuto. Si accorse cioè della contraddizione del progresso delle civiltà ricche: maggiore ricchezza, maggiore solitudine. A lei, sempre molto attenta e attuale, disposta ad andare ovunque, ad accogliere ogni tipo di figli, non le sfuggivano i cambiamenti e l'evoluzione geopolitica del mondo, perché questa portava anche cambiamenti reali nella vita delle persone concrete e di questi cambiamenti quelli che di solito sono costretti a subirne l'aspetto più svantaggioso, sono sempre i più deboli. Nacque così dentro di lei la necessità e l'urgenza di andare anche verso i nuovi poveri. E tante sono le forme di povertà dei paesi ricchi.

La sofferenza più grande adesso la identificava quindi soprattutto con il non essere amati, dolore che vedeva presente e patire molto nei malati di Aids: «Desiderando essere vicina a tutti i diversi "Calvari" in cui Gesù riviveva la Sua passione, Madre Teresa era molto attenta alle nuove forme di sofferenza e povertà nel mondo. Alla fine degli anni Ottanta divennero i malati di Aids l'oggetto particolare delle sue attenzioni e della sua compassione»[69]. Dopo qualche hanno di servizio verso di loro, dirà con grande umiltà e commovente gratitudine: «L'opera in favore dei malati di Aids dà sempre più frutti. Nessuno è morto senza Gesù. C'è così tanta sofferenza tra i nostri poveri in tutto il mondo. Ora siamo in settantasette Paesi con più di 350 case. [...] I poveri entrano in Cielo da tutte le parti. [...] A New York già in cinquanta hanno fatto una bellissima morte».

La solitudine, come forma di povertà dei paesi ricchi, emerge in tutta la sua triste crudeltà, anche nel seguente episodio che lei racconta: «Ho visitato una casa di riposo in cui c'erano molti genitori anziani. [...] Ho visto che in quella casa avevano tutto, [...] ma ciascuno di loro guardava verso la porta. [...] Mi sono voltata e ho chiesto alla suora: "Come mai queste persone che qui hanno tutto guardano verso la porta? perché non sorridono? Sono così abituata a vedere i sorrisi della nostra gente, persino i moribondi sorridono". E lei ha detto: "È così quasi ogni giorno. [...] Sperano che un figlio o una figlia vengano a trovarli. Soffrono perché sono stati dimenticati"»[70].

Dimenticarsi di chi è più fragile, non essere attenti agli anziani, spesso anche all'interno stesso della famiglia è una realtà purtroppo che dilaga sempre di più. Madre Teresa aveva anche questa preoccupazione e voleva sensibilizzare il mondo intero a tutto ciò. Lo faceva anche in maniera schietta: «È così facile per noi parlare e parlare dei poveri di altri luoghi. Molto spesso abbiamo chi soffre, chi è solo, le persone anziane, non volute, infelici, ed esse sono vicine a noi, e noi neppure le conosciamo. Non abbiamo nemmeno il tempo di sorridere loro»[71]. Ancora: «Come facciamo a sapere che qualcuno come loro non si trovi accanto a casa nostra? Sappiamo chi sono, dove sono? Troviamoli e, quando li troviamo, amiamoli. Poi, quando li ameremo, li serviremo. [...] Sappiamo chi sono i nostri poveri? Conosciamo i nostri vicini, i poveri della nostra zona?».

---

[68] *Sii la Mia luce*, p. 301.
[69] *Sii la Mia luce*, 313.
[70] *Sii la Mia luce*, p. 296.
[71] *Sii la mia luce*, p. 301.

Voleva dire e far capire a tutti che l'amore inizia in famiglia. È nella famiglia che si impara ad amare amando, e amando si insegna ad amare. Ogni membro impara e insegna, deve imparare e deve insegnare. Questo dev'essere il dinamismo dell'amore in famiglia. E da qui che nasceranno coloro che poi saranno in grado di fare lo stesso nella società. Madre Teresa lo sapeva benissimo, perché lo aveva vissuto nella sua famiglia. Lì, lei, aveva imparato come si ama, come si accoglie. Aveva quindi tutto il diritto di stimolare: «Forse nella vostra famiglia c'è qualcuno che si sente solo, che sta male, che è preoccupato. E voi lo accogliete, lo aiutate? [...]».

A Roma nel 1980 durante il Sinodo dei Vescovi raccontò: «Di recente, un uomo mi ha incontrata per strada. Mi ha chiesto: "Sei Madre Teresa?". Io gli ho risposto di sì. E lui: "per favore, manda qualcuno a casa mia. Mia moglie ha disturbi mentali e io sono mezzo cieco. Vorremmo tanto sentire il suono amorevole di una voce umana". Erano persone agiate. Avevano tutto nella loro casa. Eppure stavano morendo di solitudine, morendo per il desiderio di sentire una voce amica». Morire di solitudine! Che straziante sofferenza!

Come avrebbe potuto, lei che aveva il cuore di Cristo, non sentire il tormento interiore per queste persone? Chissà quanti ce ne sono in tutto il mondo! Chissà quanto soffriva dentro di sé! Questo è il male più grande oggi nelle nostre ricche e depresse società.

5. *Sono state la Buona Novella*

Per questi poveri che lei e le sue sorelle hanno aiutato, la Buona Novella è stata innanzitutto la loro vicinanza. La loro compagnia. Tramite esse hanno trovato Dio! La sua vita e quella delle sue consorelle, agli occhi degli altri, fu ed è ancora oggi, una Buona Notizia, il Vangelo stesso. Perché Madre Teresa ha dimostrato che l'amore esiste ed esiste però se scegliamo noi di portarlo innanzitutto, senza darlo per scontato o pensando di trovarlo ovunque andiamo. L'amore non si cerca, si porta. Ed in ogni luogo dove viene portato l'amore, questo stesso poi si diffonderà da sé. Madre Teresa ha acceso un fuoco che ancora oggi arde come un incendio indomabile.

Partendo dalla certezza che Gesù ha sete per ogni persona e di ogni persona, sete della felicità di ogni uomo e di ogni donna, di ogni bambino e di ogni anziano, e che non può esserci vera felicità se non c'è carità, ha vissuto portando amore in ogni luogo in modo che questo amore consolasse e contagiasse, portasse comunione, diffondesse serenità, affinché Gesù fosse dissetato nella Sua sete, nella Sua passione, nella Sua ansia per ogni singola persona umana. Per Lei la sete di Gesù fu la ragione della vita, lo scopo, la missione, il fine, la chiave di lettura che usò per interpretare il mistero del dolore e del male. E tutto quello che fece, lo fece patendo in prima persona lei stessa la sete: la sete di Cristo, che non riusciva a spegnere, perché si era nascosto e non si faceva sentire più dentro di lei. E fu così fino alla morte, perché niente e nessuno poteva saziare questa sua sete, neanche "il successo" della sua opera: «La crescita della sua congregazione, il successo della sua missione e l'apprezzamento del mondo non riuscivano a saziare questa sua sete di Dio»[72]. Perché era profondamente libera da tutto, perché si era fatta liberamente schiava di Cristo.

Il grido di Gesù «Ho sete», lo sentiva quindi rivolto a lei personalmente e lo percepiva con tutta l'intensità fisica e l'angoscia spirituale che una richiesta del genere porta con sé, quell'angoscia di Gesù appeso in una croce, al sole, dopo aver perso molto sangue e molta acqua. Quella straziante sofferenza e quella richiesta, l'ha fatta radicalmente sua. Per questo era ansiosa di portare da bere a Gesù assetato.

Identificato il senso profondo di quella sete, non fece altro che cercare di saziarla, e per rendersi conto quanto fosse lacerante questo bisogno, lei stessa fu lasciata nella sete, in modo che sperimentasse quanto è urgente portare da bere a chi sta soffrendo questa mancanza. La scelta di spendersi preferendo quasi sempre di agire con prontezza, cosa che spesso fu scambiata per impulsività, era una conseguenza della consapevolezza della sete di Gesù ma che per lei diventava

[72] *Sii la Mia luce*, p. 324.

reale vivendola intensamente anche in sé. Ecco perché «Aveva sempre fretta di dare Gesù, e non pensava a sé stessa» mai, perché non riusciva a spegnere il suo fuoco d'amore per Lui e per i poveri. D'altronde in sé viveva acutamente la stessa sete.

V. La vera Responsabilità è Alterità[73]

1. *Impegnarsi: darsi in-pegno*

Non può darsi la responsabilità se non c'è libertà, volontà, coscienza. Non può darsi responsabilità senza impegno. *Responsabilità* viene dal latino *respondére* ed ha come senso quello di rispondere ad un appello\ingiunzione interna o esterna (a noi), impegnandosi.

Impegno invece, da *impegnare*, è derivazione di *pegno* e viene dal latino *pignus*. L'impegno «è un obbligo di garanzia nei riguardi di altre persone». Il pegno indica invece qualcosa, un oggetto, che viene dato come garanzia a qualcuno.

Impegnarsi quindi significa dare in pegno qualcosa di noi agli altri come garanzia. Per quanto riguarda l'impegno e la responsabilità etico-religiosa verso il prossimo, impegnarsi significa dare come pegno noi stessi, il nostro tempo, la nostra vita, come garanzia del nostro esserci. L'altro può riconoscere che io mi impegno con lui se do *in-pegno* me stesso.

Madre Teresa ha dato a Dio in-pegno sé stessa, con l'impegno del suo tempo e delle sue energie, per quelle anime che erano perdute ed abbandonate. In un certo senso ha comprato, ha conquistato, delle anime per Dio dal mondo, le ha partorite, e dove ha incontrato peccatori, li ha riscattati con il pegno della sua stessa vita. Di fronte a Dio ha acquistato così dei meriti, affinché come ricompensa Egli potesse con la Sua grazia riscattare quelle anime e liberarle dal principe di questo mondo. Anche noi, quanto più ci impegniamo per qualcuno, con la preghiera e le opere di carità, tanto più acquistiamo diritti sulle persone e possiamo toglierle dagli artigli del maligno e dalla schiavitù del peccato. San Paolo fa proprio questa esperienza con i Galati: «[...] figli miei, che io di nuovo partorisco nel dolore finché Cristo non sia formato in voi!» (Gal 4,19) e, per le fatiche che ha sopportato a vantaggio di loro, si sente come una madre che li ha dati alla luce.

2. *È "esserci-per-gli-altri" la beatitudine!*

Madre Teresa ha vissuto la responsabilità verso i poveri non solo materialmente bensì entrando anche in relazione con loro. Non c'è infatti vera responsabilità se il soccorso è solo qualcuno a cui diamo un servizio o qualcosa di materiale, senza entrarci in relazione. Ella aveva chiaro un principio antropologico: noi *siamo*, nel senso esistenziale del sentirsi vivi e realizzati, cioè possiamo sentirci amati e accolti, solo nella relazione con qualcuno che si prende cura di noi e, nello stesso tempo, la nostra vita è autentica solo nella misura in cui viviamo per qualcuno.

Questo significa che la mia forza di gravità spirituale è la mia responsabilità verso l'altro. Non posso decidere di esonerarmi da questo peso che mi inchioda, qui e ora, di fronte a chi chiede di essere ascoltato, compreso, aiutato, amato. Ognuno di noi è una promessa per i bisogni dell'altro ed essere responsabili significa farsene carico, per lo meno nell'ascolto. È una promessa di esserci, per come si può, spesso anche potendo poco, ma comunque è una promessa. E, poiché ogni promessa è per il futuro, e al futuro ci spinge e ci fa guardare la speranza, ogni uomo dev'essere consapevole di essere speranza per l'altro; in modo che l'altro veda il futuro con fiducia e possa avere delle reali aspettative. In un certo senso la nostra responsabilità è la condizione di possibilità perché ogni nostro prossimo possa continuare a sognare o riprendere a sognare. Un sognare che non è ingenuo fantasticare ma progettualità accorta e fondata. Un sognare mosso dal dinamismo di quella leggerezza che non è superficialità ma sguardo limpido e realisticamente ottimista, che cerca di osare con entusiasmo riguardo al futuro e alle cose belle, buone e vere da fare.

---

[73] Questo paragrafo si ispira al preziosissimo lavoro di S. Natoli, *Parole della filosofia o dell'arte di meditare*, Feltrinelli, Milano 2007; cfr. il cap. *Responsabilità, alterità*.

Nessuno è autosufficiente. Nessuno può pensare di farcela da solo. Nessuno può pretendere che gli altri non chiedano aiuto e che quindi possano farcela da soli. In quanto persone siamo chiamati a prenderci in carico gli uni gli altri e la domanda rivolta da Dio a Caino: «dov'è tuo fratello» (cfr. Gen 4,9), è istanza di responsabilità non solo verso l'altro che mi chiede aiuto, ma ingiunzione della nostra stessa coscienza che chiede di essere ascoltata in ciò che è più autentico in noi: amare, donarsi.

Siamo persone umane perché *siamo relazione*. Non ci si rafforza ognuno per conto proprio. Se per Sartre gli altri erano l'inferno, per Madre Teresa sono stati il paradiso[74]. Anzi, quanto più le richieste degli altri la derubavano del suo tempo, delle sue energie, tanto più vedeva in essi Cristo stesso. Ecco perché poteva dire a Gesù la misteriosa e profondissima frase: «Ti amo non per quello che dai ma per quello che prendi».

Madre Teresa amava Dio e i poveri non per quello che le davano ma per quello che prendevano. Quanto più le chiedevano, quanto più prendevano, tanto più in lei cresceva un fuoco d'amore per loro: «Se non fa male non è amore», spesso ripeteva.

È la capacità di metterci a disposizione che realizza la nostra dignità e la nostra personalità. Ogni comandamento trova piena realizzazione nell'amore e non nei divieti. Spesso come cristiani ci dimentichiamo che i peccati più gravi sono quelli di omissione. Ed è l'omissione, forse, ad essere il vero *virus* della società contemporanea. Così si pronuncia il filosofo Salvatore Natoli: «[...] le società contemporanee diverranno società responsabili solo quando abbandoneranno la pratica diffusa dell'omissione, che le esonera formalmente dagli obblighi e permette loro la falsa coscienza: quella di sentirsi innocenti».

Nelle relazioni, l'inerzia, l'omissione, la noncuranza, l'indifferenza, l'indolenza, sono già una forma di omicidio. Tutto ciò che nelle relazioni non sta dalla parte dell'amore è omicidio!

Nessuno può sfuggire dalla responsabilità, ecco perché abbiamo detto che è la nostra forza di gravità spirituale. Così continua Salvatore Natoli: «Alla responsabilità, però, non si sfugge perché non è cosa che si possa assumere a discrezione, ma è la realtà a imporla. L'altro nel suo puro esistere mi rende sempre e in ogni caso responsabile. Lo posso amare, aiutare, combattere, odiare: sempre e in ogni caso prendo posizione nei suoi confronti e non posso non prenderla. Quand'anche l'ignorassi sarei appunto responsabile di ignorarlo e sarei perciò colpevole, mai neutrale. Il mio essere responsabile non dipende, dunque, da una mia decisione, ma è una mia condizione: è l'altro, per il fatto stesso d'esistere, che mi impedisce di non esserlo. Tanto vale allora che ognuno assuma consapevolmente le proprie responsabilità. [...] Essere responsabili di un altro non significa affatto agire per suo conto – e meno che mai sostituire l'altro nella sua libertà – ma, al contrario, prendere la libertà dell'altro a misura della propria azione e del proprio limite. Questo sentirsi reciprocamente responsabili apre la strada al divenire vicendevolmente disponibili»[75].

Madre Teresa ci insegna che ogni uomo e in particolare ogni cristiano deve impegnarsi.

Ogni pegno quindi è legato ad una promessa, perché con il pegno si *pro-mette*, cioè si *mette-prima*, qualcosa che serve a riscattare, in futuro, definitivamente, il bene che si sta contrattando. Il discepolo, il cristiano, quindi, con il suo impegno, è una promessa, ed ogni promessa apre al futuro e quindi alla speranza. In un certo senso il discepolo, con il suo impegno, è un profeta, dice cioè qualcosa sul futuro: il bene continuerà ad esserci. Con questo stile di vita il discepolo rende presente la promessa di Dio all'umanità: che tutti gli uomini possano giungere alla salvezza.

Ma perché il cristiano deve impegnarsi? Perché può impegnarsi? Perché dovrebbe voler impegnarsi? Il cristiano si impegna e dà se stesso, perché è debitore verso Dio. Perché scopre di

---

[74] Riguardo alla pluralità dell'essere umano, riguardo al fatto che questa condizione fa parte dell'esistenza dell'uomo e con essa egli deve farne necessariamente i conti, Hannah Arendt diceva: «La pluralità umana è causa di una gioia tremenda». In: S. KAMPOWSKI, *Contingenza creaturale e gratitudine*, Cantagalli, Siena 2012, p. 19.

[75] S. Natoli, *Parole della filosofia o dell'arte di meditare*, Feltrinelli, Milano 2007, p. 139.

essere debitore verso Dio e anche verso il mondo, perché si sente amato da Dio, quindi lo fa non solo per dovere etico ma per gratitudine. Sa che la ricompensa per il bene sta già nell'aver potuto fare il bene. Egli è inoltre consapevole che anche le scomodità che si incontrano a causa dell'essere discepoli di Cristo, sono già ricompensa e che queste tribolazioni possono servire per acquistare anime.

Il cristiano ha sperimentato che la condanna più grave non è perdere la vita per gli altri, ma tenersela per sé, cioè vivere ed usare della propria vita e di quella degli altri, solo per sé stessi. E, se non fa questa esperienza, quella cioè di essere amato in modo unico e infinito da Dio, egli fa diventare il mondo debitore verso se stesso e diventa spietato ed egoista verso gli altri. Altro che gratitudine! Ma se ha incontrato Cristo saprà impegnarsi, affaticarsi per gli altri, amare fino a quando fa male e oltre. E sa\può affaticarsi per gli altri perché sa\può riposarsi in Dio, sia per la fiducia totale in Lui, sia con la preghiera intensa e quotidiana. Il discepolo di Dio è colui che compie la volontà di Dio.

VI. IL TEMPO DONATO AL BISOGNOSO LO TRASFIGURA IN BEATO

1. Donare il tempo

Dopo la sua prima fuga dalla donna incontrata per strada in lei si scolpì, come un marchio fatto col fuoco, la necessità non solo di non fuggire dai poveri ma di soccorrerli e di consacrare loro tutta la sua vita, il suo tempo. Era certissima: i poveri vanno soccorsi, perché soccorrendo loro non aiutiamo soltanto loro ma beneficiamo anche noi stessi e saziamo la sete di Cristo crocifisso. Bisogna andare in cerca dei poveri, di ogni tipo di poveri, perché cercando loro troviamo Cristo sfigurato e assetato. E, se da una parte questa istanza può apparire un semplice e responsabile dovere etico, dall'altra, per un cristiano, è conseguenza della gratitudine a Dio.

Non possiamo pensare di liquidare i poveri con qualche centesimo. Prima di ogni aiuto materiale o, meglio, accanto all'aiuto materiale, lì dove è necessario, i poveri hanno diritto anche al nostro tempo. Questo è infatti, oggi, in una società schizofrenica, dispersa in tante attività e distratta, la cosa più preziosa. È il tempo a renderci veramente presenti accanto a loro non in maniera anonima: «Le persone cercano soprattutto qualcuno che le ascolti. Qualcuno disposto a donare il proprio tempo per ascoltare i loro drammi e le loro difficoltà. È quello che io chiamo "l'apostolato dell'orecchio", ed è importante. Tanto importante». È quello che dice Papa Francesco in *Il nome di Dio è Misericordia*[76]. La semplice elemosina, spesso neanche così generosa per non dire micragnosa, infatti, può essere solo un modo per acquietare la coscienza. Magari perché tormentata da altre mancanze gravi o nascoste.

Il tempo è vita, la nostra vita. Dare tempo è una forma di soccorso che non solo si ferma per soccorrere, ma trasforma il soccorrere in assistenza e l'assistenza è cura, presa in carico, *percorso-accanto-a*, *presenza-presente*, partecipazione, protezione. È un accudimento che non ha più solo una sfumatura di salvataggio, giacché dilata il momento di ausilio urgente in garanzia di compagnia anche per dopo, diventando così anche appoggio, sostegno, per il periodo della degenza fisica, spirituale, psicologica, materiale.

È lo stare insieme ai poveri che è poco attuato, poco attraente. Forse perché destabilizza.

Se salvare può apparire eroico, accompagnare il salvato aiutandolo a diventare autonomo, trasforma il coraggio spontaneo e l'indole altruista umana, quando presente, ancora semplicemente acerba, in scelta responsabile e duratura. La vera eroicità, infatti, non è legata all'istante, ma alla durata: è fedeltà. Quella infatti può essere semplice esaltazione momentanea, questa invece richiede costanza e può anche logorare perché richiede molta pazienza. Di questo Madre Teresa ne era perfettamente consapevole ecco perché ripeteva spesso: «Trova il tempo per amare», cioè: "anche quando pensi che non valga la pena perché credi che non lo meritino tu continua a farlo, continua a trovare il tempo per farlo".

Forse, se non sicuramente, il tempo è la cosa più preziosa perché, come si suole dire: i soldi (magari usati per fare l'elemosina) vanno e vengono, il tempo no. Il tempo donato poi, se non vogliamo farlo diventare dopo un po' una scocciatura da cui non vediamo l'ora di scappare maledicendo il momento in cui abbiamo deciso di comprometterci, va curato e reso vivibile con la dolcezza, la gentilezza, il sorriso, in poche parole con le manifestazioni affettuose della carità, ma soprattutto con la preghiera perché: «Per amare come Dio ama, è fondamentale incontrarLo quotidianamente nella preghiera, altrimenti l'amore muore. Quello che il sangue è per il corpo, la preghiera lo è per l'anima»[77]. Così l'altro, il soccorso, non si sentirà solo un beneficato che pesa sulle nostre spalle, ma amato personalmente. Se è possibile aiutare molti, l'affetto è riservato solo a coloro che dentro di noi non rimangono anonimi. Ma nessun prossimo bisognoso che il Signore ci

---

[76] *Il nome di Dio è Misericordia*, p. 32.

[77] MADRE TERESA, *Dove c'è amore, c'è Dio. La via per la felicità spirituale*, a cura di BRIAN KOLODIEJCHUK, best Bur, Milano 2013[3], p. 16.

mette davanti dovrebbe restare anonimo! Commovente il seguente aneddoto raccontato da Madre Teresa. Si rimane catturati dall'attenzione particolare che Dio ha per ciascuno singolarmente.

«Qualche settimana fa ho sperimentato la straordinaria esperienza della tenerezza di Dio verso i piccoli. Un uomo è venuto nella nostra casa con la ricetta di un medico. Ha detto che il figlio, il suo unico figlio, stava morendo nei bassifondi di Calcutta e che non c'era modo di procurarsi quella medicina in India. Bisognava farla arrivare dalla Gran Bretagna. Mentre stavamo parlando, è arrivata una persona con un cesto di medicine. Aveva girato tra le famiglie raccogliendo medicinali usati per i poveri (abbiamo queste cliniche mobili in tutti i bassifondi di Calcutta e in altri luoghi, e queste persone vanno di casa in casa per raccogliere medicinali usati e portarceli affinché noi possiamo poi distribuirli ai poveri). Quando è entrato, propria in cima al cesto, spuntava quel medicinale. Non ci potevo credere: se solo fosse stato all'interno della cesta *più in fondo* non lo avrei visto. Se fosse arrivato prima o dopo, non avrei collegato le due cose. Sono rimasta davanti a quel cesto continuando a guardare la bottiglia e ripetendo tra me e me: "Al momento ci sono milioni e milioni di bambini; come può Dio preoccuparsi di questo bimbetto nei bassifondi di Calcutta? Mandare quella medicina, mandare quella persona proprio in quel momento, mettere il medicinale proprio in cima alla cesta e procurare l'esatto quantitativo prescritto dal medico". Vedete quanto prezioso è questo bambino per Dio! Quanto Egli si sia preoccupato per questo piccolino!»[78].

2. *Soccorrere una persona non è riparare una cosa*

Torniamo alla nostra riflessione. Se il povero che aiuto rimane nell'ombra dell'impersonale, rimane insignificante e non troverà sollievo nell'animo, anche se potrò risolvergli i problemi materiali. È l'attenzione, l'esclusività, il privilegio dell'unicità, che fa sentire l'altro veramente amato. Amare così è ridare dignità a chi l'ha perduta, cioè guarirlo dai propri vuoti. E non c'è amore senza vera comunicazione, né vero soccorso se l'altro non percepisce che stiamo comunicando con lui senza pregiudizi. Noi infatti *siamo comunicazione* ed ogni nostro comportamento, qualunque, anche il silenzio, lancia un messaggio all'altro. In questo ci conferma il filosofo e psicologo austriaco Paul Watzlawick: «Tutto il comportamento, e non soltanto il discorso, è comunicazione, e tutta la comunicazione – compresi i segni del contesto interpersonale – influenza il comportamento [...] Comunque ci si sforzi, non si può non comunicare. L'attività o l'inattività, le parole o il silenzio hanno tutti valore di messaggio: influenzano gli altri e gli altri, a loro volta, non possono non rispondere a queste comunicazioni e in tal modo comunicano anche loro [...] Del tutto indipendentemente dal mero scambio di informazione, ci pare che l'uomo debba comunicare con gli altri per avere la consapevolezza di sé»[79].

Madre Teresa per ogni povero incontrato aveva un amore esclusivo che lo faceva sentire significativo per la sua vita, anzi era grata a ciascuno di loro perché tramite loro poteva amare Cristo: «[...] i poveri ci danno molto di più di quanto noi diamo loro; ci offrono la possibilità di amare Dio in loro. Quando do un pezzo di pane a un bambino affamato credo in quello che ha detto Gesù: "L'avete dato a me". E io lo do a quel bambino»[80]. In lei quindi, questo significato diventava il Significato, il Senso della sua vita, perché in ogni povero scorgeva Cristo sfigurato e assetato. Si curvava davanti ai poveri con la stessa devozione con la quale si inchinava davanti al tabernacolo e così come sapeva stare in adorazione davanti al Santissimo, anche per ore, sapeva stare ore ed ore davanti ad ogni povero per servirlo, per consolarlo, per asciugargli le lacrime.

Il tempo donato trasfigura il bisognoso in beato, perché beato è chi si sente amato e si ama veramente l'altro, quando è oggetto o, meglio, soggetto, del nostro tempo attento. Infatti una persona non rimane mai oggetto, perché risponde con la sua gratitudine alle mie attenzioni o con altri sentimenti alla mia disattenzione e negligenza. Aiutare una persona non è come riparare un

[78] *Dove c'è amore, c'è Dio. La via per la felicità spirituale*, pp. 22-23.
[79] P. WATZLAWICK, *Pragmatica della comunicazione umana. Studio dei modelli interattivi, delle patologie e dei paradossi*, Astrolabio Ubaldini, Roma 1971.
[80] *Dove c'è amore, c'è Dio. La via per la felicità spirituale*, p. 22.

oggetto. L'oggetto non ha vita, la persona sì. L'oggetto non ha una volontà né una intelligenza, la persona sì. L'oggetto non ha sentimenti e non sa cos'è la gratitudine, la persona sì. Soccorrere non è riparare un muro!

Trattare l'altro come un oggetto è negare noi stessi come persone e non aiutare veramente l'altro: «Negarsi come persona, e trattare l'altra persona come un oggetto, non ha probabilità di portare alcun aiuto» asseriva nel 1961 lo psicologo Rogers in *La terapia centrata sul cliente*.

Il soccorrere non mi lascia indenne, mi trasforma. Quanto più l'aiuto è consapevole, fedele, duraturo, tanto più vengo trasfigurato dall'amore in vero amante. Così possiamo legittimamente dire che non è più semplice trasformazione, ma vera e propria trasfigurazione. L'amore ci rende più belli perché la vera bellezza è nascosta solo nell'amore. Dove non c'è amore non c'è vera bellezza. L'amore cambia chi ama. L'amore cambia chi viene amato. Allora forse ancor meglio del termine *cambiare* o *trasformare* è più opportuno *trasfigurare*. L'amore trasfigura l'amante in amore.

Troviamo, allora, il tempo per amare il prossimo perché l'inesorabile scorrere dei giorni diventi tempo favorevole che redime non solo il povero ma noi stessi. È Gesù che ha reso pieno il tempo, per cui è l'amore che fa diventare ogni istante pienezza e quindi, azzardando l'espressione, *tempo-eterno*, perché tutto cesserà fuorché la carità. Amare ci divinizza e ci rende capaci anche di essere amati. Chi ama veramente, infatti, sa anche farsi amare. Non tutti sanno farsi amare, non tutti permettono agli altri di amarli e, questo, purtroppo, nonostante tutti abbiamo bisogno di essere amati. L'amante, infatti, non può pretendere di dare soltanto, deve accettare d'aver bisogno di essere amato o, che, l'amato gli sia riconoscente.

Il modo più vero e autentico per immergersi nel tempo è viverlo non come semplice fare disordinato che svuota, ma amando ordinatamente, con creatività, passione, sorridendo. Perché il tempo si dona con il sorriso, con gioia, diceva spesso la Madre. E non solo perché amare sorridendo rende il sacrificio meno tragico e più leggero, ma per non ferire l'altro. Il sorriso a tal modo, però, cioè la gioia nell'amare, è anche frutto dello Spirito Santo e non semplice esercizio imposto di buon umore.

VII. Sorriso, mitezza, dolcezza, gentilezza

Non credo ad un cristianesimo poco gentile e poco umano. La fede ha bisogno anche della cordialità.

1. La fecondità della letizia

Ad un certo momento della sua vita, cioè dalla *chiamata nella chiamata* fino alla morte, visse con la seguente situazione interiore: «Nella mia anima vi è così tanta contraddizione. Un tale profondo desiderio di Dio, così profondo che fa male, una continua sofferenza, eppure, non essere voluta da Dio, respinta, vuota; non c'è fede, non c'è amore, non c'è zelo. Le anime non esercitano alcuna attrazione. Il Paradiso non significa nulla, mi sembra un luogo vuoto. Pensarci non ha alcun senso per me. Eppure ... questo tormentoso, struggente desiderio di Dio. Per favore, preghi per me, affinché continui a sorriderGli nonostante tutto. Perché io sono soltanto Sua e quindi Lui ha ogni diritto su di me. Sono perfettamente felice di essere nessuno, anche per Dio»[81]. Addirittura poté perfino dire così: «Voglio anche sorridere a Dio, e così nascondere, se possibile, il dolore e l'oscurità della mia anima persino a Lui»[82].

Nonostante la tenebra e il vuoto, continuava ad essere dolce, gentile, a sorridere, a Dio, agli uomini. Considerava un diritto di Dio e degli altri la sua gentilezza e il suo sorriso. Non poteva né voleva sottrarsi da questo dono meraviglioso che poteva elargire.

Analizziamo brevemente questa parola. Il termine *sorriso* appartiene al campo semantico di *letizia*. Esso infatti esprime la letizia del cuore. *Letizia* dal canto suo deriva dal termine *letame*, parola che dice *fecondità* e *fertilità*. La fertilità rappresenta l'età della maturità. Chi è maturo è in grado di dare, può in un certo senso diventare padre o madre. Il padre e la madre sono coloro che generano in vita. Il sorriso genera vita in chi lo riceve e rende ancora più fecondo chi lo dà. Ma cosa è un sorriso? Perché è così importante?

Esso innanzitutto esprime non aggressività, quindi è accoglienza, accettazione, simpatia, gradimento, mitezza, benevolenza, mansuetudine. È una espressione del viso frutto di dolce disposizione del cuore, che all'altro lancia il messaggio: "ti accolgo, non ti sono nemico, non ti considero nemico, voglio farti spazio in me, tu hai molta dignità, tu mi completi" ed è esito della benevolenza e di un cuore pieno di gratitudine verso Dio, la vita, il prossimo. È come del vino buono che fuoriesce da una coppa colma. Il sorriso, contrario della tristezza, è la disposizione di chi è contento.

La tristezza, fondamentalmente, è il sentimento che si prova quando ci manca qualcosa, ci viene tolto qualcosa, non otteniamo quello che desideriamo. In un certo senso si è tristi per qualcosa che ci manca, che possa essere un bene materiale o spirituale, che possa essere un fatto andato diversamente da come avremmo voluto o altro. La tristezza è legata sempre alla *mancanza-di.* Il sorriso al contrario è conseguenza della *presenza-di. Presenza-di* qualcosa o qualcuno, che cattura i desideri e li porta a compimento, per cui tutto il resto passa in secondo piano. Cioè: c'è la presenza di qualcosa o qualcuno che riempie talmente tanto il nostro cuore che da questo sgorga la letizia. Questa letizia genera il sorriso del volto. Il sorriso, quindi, frutto bellissimo della letizia, esprime abbondanza, ridondanza, pienezza, pace, misericordia, mansuetudine.

Facciamo anche una breve analisi di questi ultimi due termini. Ci aiuterà a capire perché il sorriso sgorga da un cuore mite e misericordioso.

La parola *misericordia*, composta da *miserere* (aver compassione) e *cordis* (cuore), significa: *cuore che ha misericordia*. L'antitetico di uno che ha un cuore misericordioso è uno che ha un cuore spietato, cioè senza pietà. Nei Vangeli è molto significativa, a tal riguardo, la *Parabola del*

---

[81] *Sii la Mia luce*, p. 177.
[82] *Sii la Mia luce*, p. 157.

Servo spietato (cfr. Mt 18,23-35). Questi, nonostante gli fosse stato condonato un debito altissimo dal suo padrone, perché non sarebbe stato in grado di poterlo saldare, non ebbe compassione per il suo debitore, che ne aveva invece uno molto più basso.

La pietà è un senso di compassione suscitato dai dolori e dalle infelicità altrui. *Pietà* viene da *pius*, cioè *pio*. Il pio non è il *bonaccione*. La persona pia è una persona *mansueta* e *pacifica*. *Mansueto* è *manus* e *suescere*: *abituarsi-alla mano*. Il mansueto è uno *alla mano*. Uno alla mano è uno che si adatta: cioè talmente semplice interiormente che accetta l'altro così come è e la storia così come Dio la permette. Si adatta all'altro e accetta gli eventi senza mormorare, senza lamentarsi in continuazione. E non per mancanza di carattere. Il pacifico è colui che *fa-pace*: in tutto quello che fa cerca la pace, cioè qualcosa che è *fissata* (stabile) *come un palo*, una sorta cioè di *cosa fissata, convenuta tra le parti*: un accordo. *Accordo*, che viene da *accordare*, è legato al significato di: *avere lo stesso cuore, gli stessi sentimenti*, quindi una qualità di compassione profonda ed empatica. In ambito musicale *accordo* esprime l'*armonia*. Tanti accordi insieme formano una *sinfonia* cioè *una fusione di note senza confusione*. L'armonia per me è l'espressione più bella della creatività di Dio nella creazione, dove ogni cosa ha il suo posto e le sue leggi. È rispetto ed obbedienza al vero, al bello, al buono. Così, nella vita interiore, l'armonia viene da un cuore ordinato che ha saputo darsi delle priorità e le ha sapute rispettare. Un cuore armonioso è un cuore grato. Un viso armonioso è un viso che infonde pace, che con il suo sorriso canta la bellezza della vita e di Dio. Degli occhi armoniosi sono come l'entusiasmo dell'acqua pura e fresca di un bel torrente di montagna. Dio è armonia. L'armonia è frutto dell'amore.

La persona semplice fa tutto senza mormorare e senza criticare. La mormorazione è sempre frutto di un cuore non semplice, che non si accontenta di nulla. Un cuore semplice si è spogliato delle sue ricchezze e la sua unica ricchezza è Dio. Ora, visto che Dio è la sua unica ricchezza, tutto quello che gli viene dato o detto di fare, lo riceve e lo fa per Dio.

Chi si lamenta sempre non può avere letizia nel cuore perché la sua attenzione è catturata da ciò che manca e non da ciò che ha. E, come dicevamo, la letizia è frutto della presenza di qualcuno o qualcosa che per me è importante. "Sono lieto per …", si usa dire. C'è sempre un riferimento a cui la letizia si riferisce. Nel suo fondamento, poi, la letizia è *letizia incrollabile* solo se essa si poggia sull'esperienza del sapersi amati da Dio e nessuno sarà in grado di privarcene.

La persona pia e quindi mansueta e quindi alla mano, è magnanima cioè grande d'animo. Nel suo cuore e nel suo animo, poiché è semplice e grande, ci entrano tutti. Il sorriso esprime allora anche magnanimità. Il sorriso è antitetico all'egoismo. Il sorriso è il frutto della dimenticanza del sé. Il sorriso è il volto di Dio perché «Dio è gioia».

Il sorriso è il volto del sole, è luce! È luce perché esprime serenità e questa è luce, come quando c'è un tempo sereno, *sereno* infatti è detto del cielo. Il sorriso è il volto del cielo azzurro. Il sorriso è il verde rigoglioso della natura. È energia che si possiede e che possiederà chi lo riceve. È non tensione dei nervi. Il sorriso genera leggerezza e fiducia e di queste si nutre. Senza totale fiducia non può esserci sorriso, perché il sorriso è figlio della fiducia. È conseguenza del sentirsi amati. È prova di chi ama, di chi sa amare. Il sorriso è una curva concava quindi in se ha spazio, al contrario di una curva convessa che invece occupa spazio. La concavità del sorriso è aperta verso *l'alto* e verso il *di fronte*, è accoglienza dell'Altro e degli altri.

La concavità, inoltre, esprime spazio. Lo spazio dev'essere creato. È come una buca. Ma per fare una buca bisogna scavare. Sono il dolore e l'amore a scavare in noi e a generare questo spazio. Dev'esserci però un cuore malleabile, duttile, morbido, che si lascia lavorare. Solo un cuore alla ricerca, quindi non sclerotizzato, sa sorridere. Un cuore che cerca l'amore da donare e ricevere, come quello di Madre Teresa: «Un sorriso non costa nulla e rende molto. Arricchisce chi lo riceve, senza impoverire chi lo dona. Non dura che un istante, ma il suo ricordo a volte è eterno. Nessuno è così ricco da poterne fare a meno. Nessuno è così povero da non poterlo donare. Crea felicità in casa, è sostegno negli affari, è segno sensibile dell'amicizia profonda. Un sorriso dà riposo alla stanchezza. Nello scoraggiamento rinnova il coraggio. Nella tristezza è consolazione. D'ogni pena è naturalmente rimedio. È un bene che non si può comprare, prestare o rubare, poiché esso ha valore solo nell'istante in cui si dona. E poi se incontrerete chi non vi dona l'atteso sorriso, siate generosi e donategli il vostro: perché nessuno ha tanto bisogno di un sorriso come chi non sa regalarlo agli altri».

Nel cuore di chi sorride abita un grazie alla vita e a Dio, abita la gratitudine, il gratuito. Un tale cuore ha fatto esperienza del *gratis* e sa ridonarlo: è la vita, è l'amore di Dio. Il sorriso è la risposta alla vita che viene alla luce, ad esempio quella di un bimbo. Questa giunge quasi sempre piangendo, ma chi la accoglie sorride! Accogliere la vita porta il sorriso. Il sorriso quindi è amore alla vita, per sé stessa. Per sorridere bisogna amare la vita. Il sorriso vince la preoccupazione. Questa è mancanza di fiducia nel futuro. La vince perché vive il presente, cioè si occupa nel presente e del presente. Non si preoccupa del futuro, perché il futuro, per fortuna, è nelle mani di Dio e non nelle nostre! Occupandosi del presente si riesce anche ad aver fiducia nel futuro; fiducia, che non è mero ottimismo ma certezza della presenza di una Volontà benevola che guida la storia singola e universale.

Sintetizziamo, quanto fin qui detto, con sole quattro parole. Sono della madre. Su di esse trova fondamento il suo sorriso. Mi stupiscono enormemente e mi lasciano con un oceano di gratitudine nel cuore. Ringrazio Madre Teresa perché con la sua vita ce le ha ripetute in continuazione. Ringrazio Brian Kolodiejchuk che ce le ha donate nel suo libro. Ognuno di noi, io almeno sì, avrebbe bisogno di sentirsele ripetere ogni giorno per più volte al giorno: «**Noi Gli siamo cari!**»[83]. Noi siamo cari a Dio! Non c'è un momento in cui non gli siamo stati cari, non gli siamo o non gli saremo cari. Mai un momento in cui Egli si è dimenticato di noi. Quando diciamo con vero amore a qualcuno *caro*, egli si sente felice, allegro, amato, vivo. Chi ci è caro, ai nostri occhi è pregiato, vale molto, a volte tutto, lo gradiamo, lo stimiamo, è prezioso, lo si ricorda con piacere, lo vorremmo sempre vicino, vorremmo vivere insieme i momenti di gioia, vorremmo essere presenti da lui nei momenti di sconforto, ci fidiamo e siamo disposti a perdere la nostra vita pur di difenderlo. Chi ci è caro ha il prezzo della vita, della nostra stessa vita. Dio con noi ha fatto tutto questo, anzi di più! Perché la vita di Dio vale più di quella di quella nostra, ma Egli le ha valutate uguali. Addirittura non ha offerto la Sua vita, ma quella del Figlio. Ha quindi offerto sia vita divina sia quella del Figlio, ch'è la cosa più preziosa. Quanto Gli siamo cari! Quanto dovrebbe esserci Caro mentre, facilmente, ce ne dimentichiamo. Madre Teresa, con il suo sorriso, ci ha implicitamente detto quanto è meraviglioso amare Dio.

2. *«Menzionava di rado le proprie sofferenze»*

Madre Teresa considerava il sorriso come segno della sua amorevole disposizione verso Dio. Esso doveva esserci indipendentemente dalle disposizioni d'animo o dai sentimenti. Infatti non era un mero sorriso legato a sentimentalismo o buona educazione. Come abbiamo appena detto era «espressione della sua amorevole disposizione verso Dio». L'origine del suo sorridere non era, quindi, nella parte più superficiale di lei, ma nella parte più profonda e questa parte profonda era unita a Dio.

Menzionare di rado le proprie sofferenze significa che non bisogna dedicare a croci o dolori troppa attenzione: parlarne troppo fa male. Ancora peggio quando è lamentela o mormorazione. Lamentarsi in continuazione fa male al lamentatore e all'ascoltatore. Chi si lamenta troppo alla fine diventa cattivo. Madre Teresa era molto attenta a questa tentazione e la gioia che diffondeva non era euforia, ingenuo ottimismo o esaltazione. Ricordando un aneddoto dei suoi primi anni a Calcutta racconta: «Tutte le domeniche faccio visita ai poveri nei tuguri di Calcutta. Non li posso aiutare, perché non ho nulla, ma vado a dar loro gioia. [...] La povera madre, *di una famiglia che visito*, non ha pronunciato una sola parola di lamentela sulla sua povertà. È stato molto doloroso per me, ma al

[83] *Dove c'è amore, c'è Dio. La via per la felicità spirituale*, p. 15.

tempo stesso ho provato una grande gioia quando ho visto che sono felici perché vado a trovarli. Alla fine, la madre mi ha detto: "Oh, *Ma*, torna a trovarci! Il tuo sorriso ha portato il sole in questa casa!"»[84].

Chissà con quale tenerezza Madre Teresa parlava con questa donna e con il resto della famiglia. Chissà quanto amore essi percepivano in ogni piccola cosa che diceva o faceva nella loro casa. Chissà se ognuno di noi vivesse a questo mondo un po' più in questo modo.

3. *«Quando vedo qualcuno triste penso sempre che stia rifiutando qualcosa a Dio»*

Un sacerdote disse di Madre Teresa: «[...] viveva una profonda gioia nonostante tutte le sofferenze che la sua missione comportava, scaturita dalla sua risposta incondizionata alla chiamata di Gesù»[85].

Qui, invece, spiegando le Costituzioni alle sue suore, dice: «La gioia è segno di una persona generosa e dimentica di sé che, dimenticando tutto, persino se stessa, cerca di compiacere Dio in qualsiasi cosa faccia per le anime. La gioia è spesso un mantello che nasconde una vita di sacrificio, continua unione con Dio, fervore e generosità»[86]. Ugualmente, profondissima questa verità: «Quando vedo qualcuno triste penso sempre che stia rifiutando qualcosa a Dio»[87].

La gioia è frutto del donarsi. Potrà essere felice solo chi non si preoccuperà più di sé stesso, perché la gioia è nascosta nel dono di sé e perché la legge più profonda del nostro DNA è la legge del dono. Gioisce veramente solo chi vive nell'abbondanza straripante del donarsi. Si rallegra di sé solo chi sa farsi monopolizzare dai bisogni altrui. La gioia è il gioiello, l'ornamento nel volto, di un cuore totalmente generoso. Come una splendida collana abbellisce il collo di una donna o come dei preziosi orecchini le sue orecchie, così la gioia abbellisce il viso di chi non rifiuta nulla né a Dio e né al prossimo.

Portare la gioia era una missione troppo importante per lei. Era uno dei suoi desideri più forti. Perché portare la gioia era portare l'emozione più sublime del nostro essere creature umane. Madre Teresa viveva sulle vette della generosità splendendo di magnificenza.

4. *L'autorità della mitezza*

Accanto alla gioia era presente sempre la mitezza. La consigliava alle suore tra loro e verso i poveri, ma la viveva innanzitutto lei, sia verso i poveri, sia verso le sorelle e quando era convinta di aver mancato era molto rigida con sé stessa. Essendo profondamente buona d'animo, inoltre, vedeva le azioni degli altri sempre in buona luce. Infatti riusciva in modo sovrannaturale a scorgere i motivi di bene più piccoli seminati nel cuore del prossimo, di ogni uomo. Riusciva a scovarli perché lei era buona, perché era pura, perché amava, perché era mite.

Quanto è importante vedere le azioni altrui sempre sotto una buona luce! Quanto è importante non pensare mai male delle persone! Quanto è importante non giudicare mai le intenzioni del prossimo! Quanto è bello stare accanto a persone che nelle opinioni che esprimono non si mettono a farlo solo sulla base di valutazioni soggettive spesso frutto di pregiudizi! Quanto è bello avere amici che ti guardano con gli stessi occhi di Dio senza pensar male di te! È triste vedere come nelle famiglie, nelle comunità religiose, nelle parrocchie, si esprimono troppi pareri e si fanno troppe valutazioni basate il più delle volte sulla malizia che ognuno di noi ha nel cuore, etichettando il prossimo sulla base solo di nostre supposizioni, paure, sospetti, gelosie, invidie. Dio non pensa mai male di nessuno dei suoi figli! Fino a quando nei nostri ambienti non faremo così, lasceremo

---

[84] *Sii la Mia luce*, p. 38. Corsivo mio.
[85] *Sii la Mia luce*, p. 336.
[86] *Sii la Mia luce*, p. 44.
[87] *Sii la Mia luce*, p. 44.

sempre aperta la porta al demonio che si insinua in ogni piccola fessura solo per portare divisioni, giudizi, sospetti.

Le previsioni, i progetti, i giudizi, le analisi e le verifiche, dobbiamo soprattutto farle sulle nostre azioni, sui nostri compiti, sui nostri gusti, sulle nostre responsabilità, sui nostri errori, non su quelli degli altri.

L'altro non è il giacimento da cui estraggo ciò che mi serve, l'altro è uno come me, forse pieno di ferite come me, che ha bisogno di essere amato come me; ma è anche uno pieno di qualità come me e quindi uno che può amarmi.

Cosa può segnalare la seguente vicenda se non confermare proprio quanto abbiamo appena detto? Ecco cosa lei stessa raccontò: «Un uomo mi ha detto: "Io sono ateo", ma parlava talmente bene dell'amore che *gli dissi*: "Non puoi essere ateo se parli dell'amore in modo tanto meraviglioso. *Perché* dove c'è amore, c'è Dio. Dio è amore"»[88].

Vedo questo aneddoto come la realizzazione delle parole di Gesù: «I miti erediteranno la terra». Così le interpreto: le persone miti, accoglienti, buone, gentili, con questo tipo di intelligenza\saggezza della Madre, erediteranno (dono dello Spirito Santo) la terra, cioè i cuori dei lontani. I miti conquistano senza violenza la vita degli altri. Tramite le persone miti agisce lo Spirito Santo, che converte i cuori, e questi si donano. La mitezza è il modo di Dio per attrarre un'anima.

Madre Teresa, essendo amica di Dio, sapeva che la mitezza mette l'altro a suo agio, lo disarma, spegne i fuochi di odio presenti nel suo cuore, fa nascere il desiderio di redimersi. Quanto più l'altro percepisce che non si ha interesse a cambiarlo, quanto più sente un amore disinteressato verso di sé, quanto più si accorge di essere accettato per quello che è, tanto più vuole avvicinarsi e riposare accanto ai cuori dei miti. Basta più un cuore mite per evangelizzare che un esercito di predicatori preparati, asceti, dotti e quant'altro che entrano nella vita degli altri con gli anfibi da militare! L'annuncio della fede dev'essere lieto perché l'annuncio è una lieta notizia, un: "Ti annuncio la tua dignità, la tua libertà, un modo nuovo di vivere, se lo vuoi, la libertà!".

«Una bontà del genere, che comunica amore, era ciò che richiedeva alle sue sorelle: "Siate l'espressione vivente della bontà di Dio: bontà sui vostri volti, bontà nei vostri occhi, bontà sul vostro sorriso, bontà nel vostro caloroso saluto. Nei quartieri più poveri di Calcutta, noi siamo la luce della bontà di Dio per i poveri"»[89].

Alle suore teneva in modo importante e veramente materno. In suoi appunti durante degli esercizi spirituali troviamo: «Più prego, più chiaro diventa il desiderio di Dio, di un'intima somiglianza con Lui, che si può raggiungere tramite un maggiore amore materno, affetto e attaccamento a ciascuna sorella personalmente; e con la dolcezza e la gentilezza anche nel tono della voce nei riguardi di tutti, specialmente quando faccio un'osservazione o devo opporre un rifiuto. Quest'anno sono spesso stata impaziente e a volte addirittura severa nelle mie osservazioni, e ho notato che ogni volta ho fatto meno bene alle sorelle. Ottengo sempre molto di più da loro quando sono gentile»[90].

Essere severi nelle osservazioni sugli altri è sempre sbagliato perché noi non abbiamo la conoscenza del cuore delle persone. Inoltre, spesso, ci manca la carità giusta per poter essere severi in modo retto e secondo il cuore di Dio. In ogni valutazione che facciamo verso il prossimo dobbiamo sempre ricordarci quanto Gesù disse nel vangelo: «Chi di voi è senza peccato getti per primo la pietra contro di lei» (Gv 8,7b).

Il prossimo ha diritto che noi parliamo sempre bene di lui. Degli altri si deve parlare sempre bene oppure è meglio tacere, soprattutto quando sono assenti. Le stesse cose che vorremmo siano fatte a noi, dette di noi, anche noi dobbiamo farle agli altri o dirle degli altri, perché Dio userà verso di noi

---

[88] *Dove c'è amore, c'è Dio. La via per la felicità spirituale*, p. 21. Corsivo mio.
[89] *Dove c'è amore, c'è Dio. La via per la felicità spirituale*, p. 317.
[90] *Sii la Mia luce*, p. 168.

lo stesso giudizio e lo stesso metro che noi usiamo con gli altri (cfr. Lc 6,36-38). Ci facciano tremare queste parole! Perché ciò che divide le persone, distrugge le amicizie, separa le famiglie, ecc., sono sempre e solo i giudizi e le valutazioni sbagliate, le chiacchiere e cose simili. Quando cadiamo in queste cose siamo meschini, contristiamo lo Spirito Santo, ammazziamo il prossimo e ci prepariamo la strada per essere gettati nel *fuoco della Geenna* (cfr. Mt 5,22).

L'esame di coscienza, poco sopra appena letto, è molto bello e dolce, perché minuzioso e attento ai particolari e, nello stesso tempo, equilibratissimo. Da una parte la contemplazione: ciò che le aumentava il desiderio di unirsi sempre di più a Dio era la preghiera. Dall'altra la consapevolezza della necessità dell'azione concreta verso il prossimo per unirsi maggiormente a Lui: amore materno, affetto e attaccamento, dolcezza, gentilezza, giusto tono di voce quando ci si rivolge agli altri, soprattutto quando si fa una osservazione o si oppone un rifiuto. Mai l'aggressività sortisce il giusto effetto secondo la volontà di Dio. Durante un ritiro del 1956 formula degli appunti sui suoi propositi che risultano preziosissimi come consigli per noi: «I mie propositi sono: Primo: seguire Dio più da vicino nelle umiliazioni. E quindi trasformarle in umiltà. Con le sorelle essere gentile, molto gentile, ma ferma nell'obbedienza. Con i poveri essere dolce e premurosa. Con gli ammalati essere estremamente gentile. Secondo: sorridere a Dio»[91].

C'è tanto da imparare da questi proponimenti! Viviamo spesso catturati dai nostri sentimenti e dagli stati d'animo, osservandoci esasperatamente e dimenticando l'Evento teologico che per sempre ha cambiato la storia, la nostra storia, radicalmente e definitivamente, in meglio!

Madre Teresa ci testimonia che possiamo veramente sperare! Questo Evento è Cristo che è venuto a noi con un giudizio di totale misericordia, con l'intento di liberarci dal male, per portarci speranza, per insegnarci a stare con amore accanto ai fratelli senza escludere mai nessuno.

Il sorriso e la gentilezza verso gli altri, malgrado i sentimenti interiori, «Il sorriso è un grande mantello che copre una moltitudine di dolori»[92], così spesso ripeteva, mostrano non solo che era molto legata a Dio ma che percepiva in modo assoluto la dignità e la delicatezza dell'altro. L'altro ha diritto al mio sorriso e non alla mia acredine, asprezza o durezza. L'altro ha diritto alla parte migliore di ciascuno di noi: «La parte migliore di me non mi appartiene, non ne sono in alcun modo proprietario, ma soltanto depositario»[93], scriveva il filosofo francese Gabriel Marcel.

Di fronte ad ogni persona siamo chiamati innanzitutto a *levarci i sandali* in quanto noi non siamo proprietari di nessuno, perché l'altro è un mistero che solo Dio conosce fino in fondo, quindi ad aver massimo rispetto. Non abbiamo nessun diritto di fare *giudizi colpevolizzanti* sul prossimo. Spesso crediamo che dichiarare guerra, non arrendersi, difendere il nostro orgoglio, negli ambienti in cui viviamo o lavoriamo, è giusto: "perché se no le cose non cambiano mai!". Non c'è nulla di più sbagliato! Nelle relazioni, in ogni relazione, ciascuno rinforza sempre il comportamento dell'altro, nel bene o nel male. In alcuni casi bisogna decentrarsi da sé stessi, fermarsi, e guardare la vita dell'altro ed i suoi comportamenti cercando di dargli un'altra trama, una trama più misericordiosa e comprensiva.

Mai i *giudizi colpevolizzanti* risolvono o migliorano una situazione. Essi infatti paralizzano ogni relazione nella valutazione fatta e non lasciano scampo a nessuno dei membri. E quanto più questi giudizi sono forti, tanto più *reificano* l'altro in una etichetta immutabile, definitiva, un marchio che diventa *profezia per il futuro* perché l'altro si autodeterminerà in quei giudizi e piano pian non crederà più al bene che porta in sé stesso nonostante gli sbagli e diventerà cattivo anche con gli altri. Se infatti non crediamo al bene che siamo rischiamo di fossilizzarci in ciò che di negativo ci dicono gli altri e, alla fine, identificandoci con queste false immagini, faremo di tutto per realizzarle anche nei comportamenti pensando che anche gli altri sono irrimediabilmente cattivi per cui devono pagare. Tutti gli assassini lo sono diventati perché prima di tutto si sentivano vittime. È come se ad

[91] *Sii la Mia luce*, p. 174.
[92] *Sii la Mia luce*, p. 183.
[93] *Tu non morirai*, p. 75.

un bambino sin da piccolo gli si dice che è cattivo. Ad un certo momento crederà talmente tanto a questi giudizi da non credere più alla verità che, piuttosto, anche da lui possono venire fuori cose belle e buone e da adulto il suo unico obiettivo sarà dimostrare di essere cattivo e considerare gli altri alla stessa stregua.

Ogni *altro* che il Signore ci mette accanto non rimane qualcosa di isolato e separato. È impossibile restare isolati. L'altro diventa il mio *ambiente* ed io lo divento per l'altro e nessuno di noi rimane indenne ai suoi comportamenti, sia nel bene che nel male. Ma nemmeno noi restiamo indenni alle nostre azioni, nel bene e nel male. Tutto quello che succede in un *ambiente* influenza tutti i membri di quell'ambiente. Ogni membro porta un contributo di amore o di odio, di semplicità o di confusione, di bellezza o di deformità, di edificazione o di distruzione, con il suo modo di fare, di parlare, di pensare. Questo contributo lascia tracce, trasforma l'ambiente, noi, gli altri.

Questo vale in ogni ambiente, dalla famiglia all'universo intero. Non possiamo pensare che distruggere qualcuno o un ambiente, perché non amare e non perdonarsi è già un distruggere, ci renda più liberi e vittoriosi. Non pensiamo che così abbiamo realizzato la giustizia e i nostri diritti! Nelle relazioni non c'è vittoria se non si ama. Quando viene meno il perdono, l'arrendersi, la comprensione, il dialogo, non ci sono mai vincitori ma solo morti. Siamo tutti nello stesso ambiente, sulla stessa barca, nello stesso ecosistema. Scriveva l'antropologo, sociologo, e psicologo britannico Gregory Bateson: «Stiamo imparando sulla nostra pelle che l'organismo che distrugge il proprio ambiente distrugge sé stesso»[94].

Chi pensa solo a salvare sé stesso distrugge tutto ciò che ha attorno a sé, quindi il suo ambiente e quindi anche sé stesso. Siamo in cordata, per ogni cosa, nel bene e nel male. Ogni rapporto, tutte le relazioni, vanno vissute applicando una *teologia della speranza* verso l'altro, me stesso, verso il futuro, sperando sempre che ogni cosa può migliorare, che io devo e posso migliorare, che l'altro può e devo aiutarlo a migliorare.

Mi chiedo: dono agli altri la parte migliore di me? e quindi la gentilezza, il sorriso, la mitezza? Ho verso gli altri misericordia? Sono capace di stare accanto alle persone, che da un punto di vista morale sono deboli, senza giudicarli? Sono capace di portare il peso dei peccati del prossimo senza pensar male di lui? Le mie valutazioni sugli altri di che colore sono? Facilmente penso male del prossimo oppure mi viene più spontaneo non pensare male? Mi rendo conto che se non cambio atteggiamento distruggo il prossimo? Mi rendo conto che se non cambio Dio userà la stessa misura anche con me?

5. *«Trarre sempre il meglio dagli altri»*

Nel libro *Dove c'è Amore, c'è Dio*, Brian Kolodiejchuk intitola un paragrafo *Trarre il meglio dalle persone*[95] introducendolo con queste parole: «Ogni volta che qualcuno ha l'occasione di incontrarci, questo incontro deve cambiarlo e farlo diventare una persona migliore. Dobbiamo trasmettere l'amore di Dio». E riporta alcuni fatti legati alla madre e alle Missionarie della Carità che evidenziano quanto questo principio del *trarre il meglio dagli altri*, non solo fosse radicalmente incarnato nella Madre, ma che lo aveva talmente tante volte ripetuto alle sue sorelle da pervaderne anche la loro vita. Queste ultime, senza bisogno di parole, convertivano alla speranza le persone lontane con la sola presenza, con il loro modo di vivere, da come lavavano e curavano i poveri.

«Una volta un uomo è entrato nella nostra casa dei morenti e si è diretto sicuro nel reparto degli uomini (ne abbiamo uno per gli uomini e uno per le donne). Proprio in quel momento avevano raccolto dalla strada una persona orribilmente piagata, ricoperta di sporcizia, vermi eccetera. La suora non si era accorta che questo uomo le si era messo alle spalle mentre lei aveva continuato a lavare e a pulire il malato. L'uomo è rimasto ad osservare il modo in cui la suora toccava il paziente, si prendeva cura di lui, poi è uscito. Mentre passavo di lì – non sapevo nemmeno chi fosse

[94] G BATESON, *Verso un'ecologia della mente*, traduzione di G. Longo e G. Tratteur, Adelphi, Milano 1976, p. 506.
[95] *Dove c'è amore, c'è Dio. La via per la felicità spirituale*, pp. 214-221.

– si è messo a parlare con me e mi ha detto: "Sono arrivato qui senza Dio, colmo d'odio, privo di qualsiasi cosa bella, ma ora me ne vado pieno dell'amore di Dio". Ho capito che il Suo amore si riversava su quel malato attraverso le mani della suora, attraverso i suoi occhi. Il modo in cui lo toccava, in cui lo amava... penso che anche lei ci credesse, perché Dio era lì. Poi se n'è andato. Non so chi fosse, cosa fosse, ve l'ho raccontato soltanto per farvi capire che a Dio Onnipotente non importa quanto facciamo, ma quanto amore mettiamo nelle nostre azioni e che Lui continua ad amare il mondo attraverso ciascuna di noi, tramite l'opera che ci ha affidato».

Questa parte migliore, in ogni uomo, è luce che viene dalla Luce, dono che ci è stato fatto e che non dobbiamo arrestare. È questa luce la testimonianza più vera e più forte in grado di parlare al cuore non solo di chi aiutiamo ma di chi rimane pigro ad osservare. Ancora Gabriel Marcel può venirci in aiuto: «Gli esseri dovrebbero irradiare questa luce gli uni agli altri, ricordando tuttavia, che il nostro ruolo consiste prima di tutto, e forse esclusivamente, nel non ostacolare il suo passaggio attraverso di noi»[96]. Realistiche e dure queste parole.

Quante volte oscuriamo la vita degli altri! Quante volte, a causa della gelosia, dell'invidia, della superbia, non solo non permettiamo ai più deboli di emergere, ma facciamo in modo, utilizzando tutta l'astuzia che abbiamo, per oscurarli, affinché restiamo noi al centro dell'attenzione. Se solo percepissimo la dignità di ogni fratello che la divina Provvidenza ci fa incontrare! Se solo ci rendessimo conto che di ogni persona della quale attraversiamo la vita noi dovremmo esserne l'ostensorio! L'ostensorio delle sue qualità e di tutto il bene che c'è in lei, anche quando è nascosto. Anzi, proprio in questo caso dovremmo essere coloro che si mettono a servizio per fare in modo che l'altro cresca, sentendosi amato e accolto e possa mostrarsi pienamente per quello che è: un figlio di Dio come noi, che come noi ha diritto ad essere creduto, accolto, perdonato, giustificato, trattato bene.

Scriveva il grande psicologo statunitense: «Se accetto l'altra persona come qualcosa di rigido, di già diagnosticato e classificato, di già formato dal suo passato, contribuisco a confermare questa ipotesi limitata. Se l'accetto come un processo di divenire, contribuisco, invece, al limite delle mie possibilità, a confermare e a rendere reali le sue potenzialità»[97].

La fiducia nella Provvidenza si trova solo nella preghiera. Madre Teresa pregava in continuazione. Avendo fiducia nella Provvidenza di Dio aveva fiducia anche nel prossimo. In questo modo lei era provvidenza di Dio per il prossimo affinché ogni suo prossimo, lasciandosi amare da Dio, potesse diventare provvidenza di Dio per gli altri. Da molte persone la Madre ha tirato fuori, tramite il suo esempio, l'essere provvidenza per gli altri.

Bisogna pensare sempre bene di ogni uomo. Anche questa è carità, gentile carità che apre alla speranza.

6. *«Questa è la santità: fare la Sua volontà con un grande sorriso»*

Ecco ancora altri propositi: «Voglio essere una santa secondo il Suo cuore mite e umile, perciò tenterò di fare del mio meglio in queste due virtù di Dio. Il mio secondo proposito è di diventare un apostolo della gioia, per consolare il Sacro Cuore di Dio con la gioia. [...] Voglio sorridere anche a Dio, e così nascondere, se possibile, il dolore e l'oscurità della mia anima persino a Lui»[98]. L'espressione coniata dalla madre sul *sorriso come mantello* ci viene spiegata nel suo senso più profondo da Brian Kolodiejchuk: «Il sorriso che copriva "una moltitudine di dolori" non era una maschera ipocrita. Madre Teresa cercava di celare le proprie sofferenze – perfino a Dio! – perché gli altri, specialmente i poveri, non ne subissero le conseguenze. Quando promise "qualche preghiera e qualche sorriso in più" per un'anima, alludeva ad un sacrificio acutamente doloroso e

[96] *Tu non morirai*, p. 75.
[97] C. R. ROGERS, *Terapia centrata sul cliente*, Giunti editore, Firenze 2013.
[98] *Sii la Mia luce*, p. 178.

costoso: pregare quando la preghiera era tanto faticosa e sorridere quando la sua sofferenza interiore era straziante»[99].

Un sorriso quindi frutto di profonda libertà interiore dall'affetto preteso, dalla riconoscenza pretesa, dall'approvazione umana per ciò che si patisce o si opera, possibile solo per questa radicale libertà interiore verso ogni sostegno umano per quanto necessario. Questo distacco interiore della Madre non è sconnessione dai sentimenti umani, allontanamento dall'umanità, non è mancanza di compassione o di empatia, ma consapevolezza che il vero sostegno può venire solo da Dio. Ci sono cose infatti che siamo costretti a vivere da soli, una di queste può essere una eventuale notte oscura dell'anima. Certo, l'aiuto dei confessori o confidenti è sempre fondamentale, ma nel profondo dell'anima c'è solitudine o, meglio, solo Dio. Giunti a questo abisso e lì uniti con Dio, si è capaci di continuare a donarsi anche senza ricevere nulla in cambio o senza sentire nessuna gratificazione interiore o senza riconoscenze esteriori. In un certo senso è un distacco dall'umano che dona la forza di abbracciarlo in modo più vero e gratuito senza essere condizionati affettivamente e nelle aspettative. È quella libertà affettiva che ama gli affetti, vive l'affetto, ma non è schiava di esso. È il compimento integrale e autentico dell'affettività.

Torniamo ai propositi di Madre Teresa: «Un Sì di tutto cuore a Dio e un grande sorriso per tutti. E mi sembra che queste due parole siano la sola cosa che mi spinge ad andare avanti»[100]. Prima il sì di tutto cuore a Dio, cioè totale, poi il grande sorriso a tutti. Quel sì è la linfa, la fonte, il senso, il principio, la possibilità per il sorriso a tutti. Quel sì è il faro per scoprire di volta in volta la strada. Quel sì è obbedienza, condizione necessaria per restare accanto a Dio protetta e felice. Molto simpatico ma nello stesso tempo espressione di totale sottomissione, quanto scrive ad un vescovo: «Posso fare solo una cosa, seguire da vicino come un cagnolino i passi del suo padrone. Preghi che io possa essere un cagnolino gioioso»[101].

Che pace! che bello sarebbe poterlo fare! Stare lì, accovacciati e sicuri ai piedi del Padrone buono, protetti da Lui, aspettando di seguirLo quando si sposta o di restare fermi quando sta fermo!

Questo senso dell'ironia è presente anche in altri stralci di lettere. Una di queste rivela che la Madre non viveva una sorta di spiritualismo disincarnato nell'ordinare e regolare la vita delle suore, ma era attenta anche alle cose materiali ed essenziali: «[...] nella nostra congregazione, Nostro Signore non vuole che usiamo le nostre energie per fare penitenza, digiunando o altro, per i nostri peccati, ma piuttosto vuole che ci spendiamo nel portare Cristo ai poveri. Per questo abbiamo bisogno che le nostre sorelle siano forti nel corpo e nella mente. Se Dio manda la malattia è una faccenda Sua, ma non credo che noi abbiamo il diritto di danneggiare la nostra salute, e di sentirci sfinite per la debolezza quando arriviamo dai poveri. È meglio mangiare in abbondanza e avere un mucchio di energia, per sorridere ai poveri con gioia e lavorare con loro»[102].

Concludiamo il paragrafo facendo tesoro di questa stupenda espressione: «Questa è la santità: fare la Sua volontà con un grande sorriso»[103], perché «ridere è il più grande potere sulla terra, è la musica dell'anima»[104], è condivisione di umanità e condividere l'umanità è preghiera. Ed è la preghiera a nutrire in modo sovrannaturale il sorriso.

Perché, ognuno di noi, non prova a prendere sul serio questo parole? Scegliere cioè di disobbedire alla tristezza maligna e a tutto ciò che è negativo per avere sempre un sorriso da donare

---

[99] *Sii la Mia luce*, p. 183.
[100] *Sii la Mia luce*, p. 224.
[101] *Sii la Mia luce*, p. 242.
[102] *Sii la Mia luce*, p. 213.
[103] *Sii la Mia luce*, p. 283.
[104] Racconta Madre Teresa: «Un giorno, in una riunione, mi fu chiesto di dire qualcosa ai presenti. Perciò dissi: "Mariti, sorridete alle vostre mogli; mogli, sorridete ai vostri mariti". Non poterono capire come potessi dire loro una cosa di questo genere. "È sposata?", mi fu chiesto. "Si", risposi, "e non sempre è facile sorridere a Gesù, perché a volte è tanto esigente"»; MADRE TERESA DI CALCUTTA, *La mia regola*, Fabbri, Milano 1997, p. 42.

a tutti. Un sorriso vero non falso però! Non una maschera di sorriso ma un volto sorridente che sa sorridere perché ama Dio, si sente amato da Dio, non pensa male del prossimo. Ogni persona che incontriamo dovrebbe essere sempre motivo di stupore e meraviglia perché ogni uomo e ogni donna sono un piccolo infinito da accogliere e scoprire, un dono di Dio per noi. Nella terra c'è posto per tutti. Non posso pensare che l'altro\a mi possa derubare il posto nel cuore degli altri, l'attenzione degli altri, ecc.

È amore maturo non difendersi mai!

Avere un sorriso per tutti è donare loro un principio di paradiso.

CAPITOLO TERZO: LA FEDE

Crediamo per sostenere il peso del mondo

I. PREGHIERA

La fede è virtù teologale, quindi dono di Dio. Non può esserci però fede senza preghiera. L'enorme fede di Madre Teresa non è altro che frutto della preghiera. Così come la speranza e la carità. Tutto in Madre Teresa è frutto della preghiera, perché tutto inizia dalla preghiera: «Per essere vero, l'amore deve cominciare con Dio nella preghiera. Se preghiamo, saremo capaci di servire».

È la preghiera il più potente mezzo d'azione disse più volte; e di sé: «Sono solo una povera suora che prega e nient'altro».

Cosa c'è alla base della preghiera di Madre Teresa? Come era organizzata la sua preghiera quotidiana? Come pregava? Con quali preghiere pregava?

In questo paragrafo raccolgo a mo' d'antologia, «spigolando» (come dice Angelo Comastri nel suo ultimo sulla Madre citato in bibliografia), testi della Madre che parlano di tutto ciò che riguarda la relazione con Dio vissuta nella forma della preghiera.

1. Silenzio

Alla base della preghiera di Madre Teresa c'era il silenzio. Era convinta che Dio parlasse solo nel silenzio di un cuore che sa mettersi in ascolto. È famosa la poesia in cui la Madre sostiene che il silenzio genera preghiera, questi due la fede, questi tre l'amore che porta al servizio e quindi alla pace del cuore, perché il servizio dona la pace del cuore. Ma sappiamo però che Madre Teresa non viveva in un eremo. Il suo modo di intendere il silenzio quindi non è quello ottenuto dalla fuga dal mondo, ma quello che si può raggiungere imparando a far tacere il cuore e la mente, mettendosi in ascolto di Dio anche (anzi - per lei - soprattutto) in mezzo a centinaia di persone.

Fu il silenzio interiore che per necessità dovette imparare a praticare e che gli permise di poter pregare incessantemente senza mai stancarsi. A questo silenzio bisogna essere fedelissimi per non staccarsi dalla preghiera. Lei lo fu. La pratica di esso svuota il cuore da risentimenti, invidie, gelosie, chiacchiere ecc., perché se nel cuore ci sono tali meschinità la grazia di Dio non può entrare e se dentro di noi non c'è la Sua grazia, ci relazioniamo con gli altri senza amore, parliamo senza amore, facciamo le cose senza amore. Avere il cuore libero da questi sentimenti significa avere un cuore puro e questo si ottiene soprattutto con il sacrificio. Con il sacrificio noi purifichiamo il nostro cuore.

Infine, perla preziosa che spesso la Madre ripeteva, non posso ottenere un vero silenzio se non ho perdonato qualcuno perché il cuore starebbe in ascolto del rancore[105].

2. Preghiera quotidiana

«La preghiera permeava l'intera giornata di Madre Teresa, che con essa cominciava, finiva e riempiva ogni giorno. Quando si svegliava le sue prime parole erano rivolte a Dio e nel corso della giornata Gli parlava spontaneamente del proprio amore e della propria gratitudine, dei propri progetti, speranze e desideri. Subito, non appena si presentava qualche necessità o difficoltà, per quanto piccola e insignificante fosse, Madre Teresa si rivolgeva a Dio, avanzando le proprie

[105] Cfr. *Dove c'è amore, c'è Dio. La via per la felicità spirituale*, pp. 25-28.

richieste con la fiducia e le attese di un bimbo che si affida al proprio padre. Oltre alla Santa Messa quotidiana e alla Liturgia delle ore, preghiere tradizionali come il Rosario, la *Via Crucis*, litanie e novene la mantenevano in costante unione con Dio.

La mezz'ora di meditazione quotidiana delle Sacre Scritture rappresentava per Madre Teresa un importante momento di preghiera. Formatasi nel tradizionale metodo ignaziano di meditazione sulla Parola di Dio, soprattutto i Vangeli, Madre Teresa entrava in un'intima conversazione e comunione con Dio. Attraverso questa devota pratica di lettura, la Parola di Dio si radicava in lei, accendeva il suo amore, influenzava le sue parole e guidava le sue azioni. Inoltre, nutriva quotidianamente la sua anima dedicando un'altra mezz'ora alla lettura delle vite e opere dei santi o altri scritti contemplativi. Per favorire il raccoglimento ricorreva alla recitazione delle "aspirazioni", brevi preghiere che elevano il cuore e la mente verso Dio durante lo svolgimento delle attività quotidiane. Ripeterle le era di grande aiuto per restare alla Sua presenza. Servendosi di questi strumenti approfondì la propria conoscenza di Dio e del Suo amore riuscendo a rispondere a Lui e ai propri fratelli e sorelle nell'amore»[106].

Madre Teresa insisteva continuamente, con le sorelle, sull'importanza della preghiera. La immagino dir loro spesso le seguenti parole: "Scava, scava il tuo cuore con la preghiera incessante. Ogni invocazione rende più profondo il solco divino che c'è nel tuo cuore. Ogni invocazione scava in esso e, col tempo, raggiungerà la Sorgente dove sgorga quell'acqua fresca, fonte inesauribile che zampilla per la vita eterna, che è la gratitudine a Dio per il dono della vita e per il dono del Suo amore. È la gratitudine il motore più puro per ogni azione. Per trovare il tesoro bisogna scavare! La preghiera incessante è il più potente scavatore. Scavate mie care figlie, scavate con la preghiera incessante!".

3. *Della preghiera*[107]

- «Che cosa è la preghiera? Per me, è essere uno con Dio».
- «Abbiamo bisogno di pregare, perché la preghiera rende il cuore puro, e un cuore puro può vedere Dio in ogni persona. Se vediamo Dio negli altri, naturalmente, ci ameremo l'un l'altro come Dio ama ciascuno di noi. L'amore genera la pace. Le opere d'amore sono opere di pace».
- «Una missionaria della carità deve essere un'anima di preghiera. Se non impariamo a pregare durante il noviziato, tutta la nostra vita sarà come quella delle persone disabili. Quindi fatelo, ascoltate Dio che parla al vostro cuore, mantenete il silenzio della lingua, degli occhi e dei piedi (non fate rumore)».
- «Più pregate, più amerete farlo».
- «La preghiera è unione. Anche se non è possibile una completa attenzione, lo è una completa intenzione».
- «Non basta dire le preghiere, dovete pregare le preghiere; e bisogna farlo con il cuore e con la mente. Fate attenzione a colui al quale vi state rivolgendo, fate attenzione con chiunque state parlando – Gesù, la Nostra Signora, Dio, l'angelo custode o i santi – perché vi stanno ascoltando».
- «Chiedete al vostro angelo custode di insegnarvi a pregare. Soprattutto chiedete allo Spirito Santo di pregare in voi. ChiedeteGli di entrare dentro di voi per pregare [...]. Imparate a pregare, amiate pregare e pregate spesso. Sentiate il bisogno e il desiderio di pregare».
- «[...] una sola è la cosa che importa: essere umili e pregare».
- «Più si prega e meglio si prega».
- «Quando è il momento e non riusciamo a pregare, la soluzione è molto semplice: se Gesù è nel mio cuore, Lo lascio pregare, lascio che sia Lui a pregare in me, a parlare a Suo Padre nel silenzio del mio cuore. [...] Dobbiamo trovarci spesso in comunione con Lui e lasciarLo pregare; e

[106] *Dove c'è amore, c'è Dio. La via per la felicità spirituale*, pp. 18-19. Corsivo mio.
[107] Le espressioni di Madre Teresa, tranne quelle prese in *Sii la Mia luce*, sono tutte citate da *Dove c'è amore, c'è Dio. La via per la felicità spirituale*, pp. 31-39. Ancora un ringraziamento particolare a Brian Kolodiejchuk, anche per quest'altro suo stupendo lavoro, è doveroso. Corsivo mio.

quando non abbiamo niente da dare, doniamoGli questo niente. Quando non riusciamo a pregare, offriamogli questa nostra incapacità [...], lasciamoLo pregare in noi il Padre. ChiediamoGli di pregare in noi, perché nessuno conosce il Padre meglio di Gesù. Nessuno può pregare meglio di Lui. E se il mio cuore è puro, se nel mio cuore c'è Gesù, se il mio cuore è un Tabernacolo del Dio vivente da santificare nella grazia, Gesù e io siamo una sola cosa. Egli prega in me, pensa in me, lavora con me e attraverso di me, usa la mia lingua per parlare, la mia mente per pensare, usa le mie mani per essere toccato nel corpo spezzato [...]».

Ho voluto raccogliere alcuni pensieri ed espressioni di Madre Teresa citando direttamente le sue parole. Ognuna di esse può essere meditata a lungo. Ognuna di esse può diventare quasi un mantra da ripetere o da scrivere su un post e attaccare in un luogo molto visibile, per lasciarsi consolare e soprattutto per ricevere non solo la forza di pregare ma per scoprire il senso dello sforzo della preghiera. Sono consigli preziosissimi frutto non di semplice riflessione intellettuale ma dell'esperienza, e quindi veri, realizzabili, sperimentati.

Per me ad esempio è molto consolante, rasserenante, tranquillizzante, mi fa cioè entrare totalmente nell'abbandono totale e fiducioso sapere che quando non riesco a pregare posso io stesso diventare preghiera vivente offrendo quest'incapacità, e approfittare di questo momento per poter dire a Gesù stesso: "prega tu in me". Mi sono spesso reso conto che forse è stato solo nei momenti di massima debolezza o di oscurità, in cui ho pronunciato parole umili e radicalmente vere nell'intenzione del cuore, quando ho chiesto a Gesù di vivere in me, di parlare in me, di pregare in me, mettendo da parte la mia superbia, la mia vanità, il mio egoismo, lasciando che fosse Lui a guidare i miei passi. Penso che nell'umiltà siamo più veri e più sinceri nel chiedere aiuto.

4. Vergine Maria, Rosario

Patrona della Congregazione delle Suore Missionarie della Carità è il Cuore Immacolato della Beata Vergine Maria. Ecco alcune espressioni della Madre in riferimento alla Vergine Maria e alla preghiera del Rosario.

- «Eccellenza, per favore affidi tutta la questione al Cuore Immacolato di Maria. In altre terre sta facendo meraviglie [...] mettendoci al servizio dei poveri, intendiamo condurli a Gesù attraverso Maria, servendoci del Rosario in famiglia come arma principale. Quali desideri ha espresso a Fatima per la conversione dei peccatori! Noi vogliamo fare nei bassifondi la parte di Maria. Mi lasci andare nel Suo nome e per la Sua gloria. Con Lei come nostra Madre, e per la Sua maggior gloria, Nostro Signore non permetterà che l'opera di amore e abnegazione fallisca»[108].
- Alle sorelle: «è stato per Sua supplica che la congregazione è nata ed è per la Sua continua intercessione che essa è cresciuta»[109].
- «Non avere paura. Metti la tua mano in quella di Maria e cammina con Lei»[110].
- «Madre Teresa sapeva che solo rimanendo unita a Maria, la prima a sentire il grido di Gesù, avrebbe potuto adempiere alla sua missione»[111].
- «La Vergine era la sua indispensabile compagna e il rosario il mezzo semplice, ma efficace, per restare unita a Lei»[112].
- «Ci viene insegnato ad amare e recitare il rosario con grande devozione; rimaniamo fedelissime a questo nostro primo amore, poiché esso ci porterà più vicino alla nostra Madre Celeste. La nostra regola ci chiede di non recarci mai nei bassifondi senza aver prima recitato le lodi alla Madonna; è per questo che dobbiamo recitare il rosario nelle strade e nei "buchi" oscuri dei bassifondi».

---

[108] *Sii la Mia luce*, p. 104.
[109] *Sii la Mia luce*, p. 326.
[110] *Sii la Mia luce*, p. 295.
[111] *Sii la Mia luce*, p. 52.
[112] *Sii la Mia luce*, p. 149.

- «Aggrappatevi al Rosario come l'edera si attacca all'albero, perché senza la Vergine non possiamo reggerci in piedi»[113].
- «Voglio solo essere un'autentica Missionaria della Carità come lo è stata la Madonna»[114].
- «La fedeltà al Rosario porterà molte anime a Dio»[115].

La Madre aveva la certezza dell'assistenza di Maria. Il modo di stare costantemente sotto la sua protezione, chiedendo insistentemente, era la preghiera del Rosario.

5. *Eucarestia*

Ancora altre citazioni direttamente dalle parole della Santa o dai suoi biografi. Da notare quanto fosse forte e profondamente ricco di fede il legame con Gesù Eucarestia.

- «Faccio la mia ora santa di Adorazione Eucaristica con Gesù direttamente dopo la Messa, cosicché posso godere di due ore insieme a Gesù prima che la gente e le sorelle comincino a servirsi di me. Lascio che Lui sia il primo ad usarmi»[116].
- «La sua spiritualità profondamente eucaristica era mistica quanto pratica. Lei credeva che la nostra vita deve essere intessuta dell'Eucarestia. Dalla consapevolezza che Dio dà totalmente Sé stesso agli uomini nell'Eucarestia, nasceva in lei il desiderio di darsi totalmente a Lui servendo gli altri. Poneva su di sé e sulle sue sorelle una radicale responsabilità: "Non abbiamo il diritto di rifiutare la nostra vita agli altri, attraverso i quali veniamo in contatto con Cristo". E aggiungeva: "Lasciate che i poveri e la gente si cibino di voi. [...] Lasciate che le persone mordano il vostro sorriso, il vostro tempo. A volte, quando ci sono delle incomprensioni, potreste non avere nemmeno voglia di guardare qualcuno. Allora, non solo guardatelo, ma sorridetegli. [...] Imparate a memoria che dovete lasciare che le persone si cibino di voi"»[117].
- «Il Tabernacolo è il più bel segno d'amore cui guardare quando ti senti solo. Non avere paura, Lui è lì, nonostante l'oscurità e il fallimento»[118].
- «Negli ultimi anni Madre Teresa aveva avuto la grazia di conservare il Santissimo Sacramento nella sua stanza di ospedale e lo voleva sempre con sé. [...] In agosto ebbe un altro arresto cardiaco proprio davanti ai nostri occhi. Le fu inserito un tubo nei polmoni per aiutarla a respirare e alleviare la pressione sul cuore. Prima che i tubi le fossero tolti, il medico disse: "Padre, vada a casa a prendere quella scatola e la porti qui alla Madre". Per un attimo mi chiesi quale scatola? Una scatola da scarpe? Allora lui spiegò: "Quella scatola, quel tempio che portano e mettono nella sua camera e che la madre guarda per tutto il tempo. Se gliela porta e gliela mette in camera, la madre si calmerà". Mi resi conto che intendeva il tabernacolo con il Santissimo Sacramento. Aggiunse: "Quando la scatola è qui, nella stanza, lei non fa altro che guardare e guardare quella scatola". Il medico indù era stato testimone inconsapevole del potere dell'Eucarestia sulla nostra Madre»[119].
- Una sorella che l'assisteva all'ospedale raccontò: «Quanto ha sofferto nel 1996! In vita mia non avevo mai visto quella sofferenza fisica che la Madre sopportava. Non riusciva a parlare e non riusciva a muoversi, *stava* con il respiratore e il tubo bronchiale fissato col nastro adesivo. Fece segno di darle una penna, ma non riusciva a scrivere correttamente il mio nome. Ci provò per due o tre giorni e alla fine, una mattina, scrisse: "Voglio Gesù". Quella stessa mattina, alle cinque, chiedemmo a padre Gary di venire. Dopo la Messa riuscì a malapena a darle una goccia del Preziosissimo Sangue. Lei cominciò a migliorare. Questo ci diede un indizio. [...] Tutti, credenti e

[113] *Sii la Mia luce*, p. 149.
[114] *Sii la Mia luce*, p. 235.
[115] *Sii la Mia luce*, p. 291.
[116] *Sii la Mia luce*, p. 275.
[117] *Sii la Mia luce*, p. 290.
[118] *Sii la Mia luce*, p. 294.
[119] *Sii la Mia luce*, p. 332.

no, compresero che la sua forza veniva da Gesù, e soltanto da Lui, in amore e unione, lei poteva sopportare quel dolore e quello strazio terribili»[120].

[120] *SII la Mia luce*, p. 334.

II. La fede è totale abbandono e sequela

1. L'obbedienza della fede

L'atto fondamentale del cristiano è credere. Ogni giorno nella sua vita egli deve credere e questo credere è un atto. La fiducia è quanto di più naturale c'è nell'uomo. Ogni giorno viviamo nella fiducia. Senza fiducia non possiamo vivere. Dobbiamo fidarci del conducente del bus che ci porta a lavoro, dei colleghi, di quello che compriamo quando andiamo a fare la spesa, ecc. In ogni atto quotidiano c'è sempre e ripetutamente un atto di fiducia. Anche in ciò che facciamo noi stessi, nella nostre azioni, c'è un atto di fiducia: in noi e nel futuro, per cui speriamo che le cose vadano in porto. Se non avessimo fiducia in noi stessi non faremmo nulla. È terribile vivere se non ci fidiamo di nessuno. A volte però mi chiedo: perché deve costare così tanto avere fiducia in Qualcuno, cioè in Dio, che per natura è necessariamente e infinitamente più fedele di tutte le persone di cui ci fidiamo?

Ho trovato tra i miei appunti di qualche hanno fa una riflessione di Carlo Carretto sulla fede. La riporto per intero, ma non ricordo da quale dei suoi volumi l'ho trascritta: «Fede! Questo è il più grande problema dell'uomo quaggiù, questa è la base di ogni sofferenza in questo esilio della terra. Uomini di fede! Questi sono i tesori più preziosi che possiamo trovare nel nostro cammino. Si crede all'eleganza, ai soldi, alle raccomandazioni dei potenti, ma ben di rado si crede sul serio a Dio. Ed è lì la ragione di tutti i nostri mali, di tutte le sconfitte, di tutti i nostri dolori».

Come donna di fede Madre Teresa è stata un tesoro prezioso per tutti coloro che l'hanno incontrata o conosciuta attraverso testimonianze o attraverso i suoi scritti.

«A Dio che si rivela è dovuta l'obbedienza della fede», recita la *Costituzione Dogmatica sulla Divina Rivelazione DEI VERBUM*. Leggiamolo però, per intero, il n. 5 di questo documento: «A Dio che si rivela è dovuta "l'obbedienza della fede" (Rm 16,26; cfr. Rm 1,5; 2 Cor 10,5-6), con la quale l'uomo gli si abbandona tutt'intero e liberamente prestandogli "il pieno ossequio dell'intelletto e della volontà" e assentendo volontariamente alla Rivelazione che Egli fa. Perché si possa prestare questa fede, sono necessari la grazia di Dio che previene e soccorre e gli aiuti interiori dello Spirito Santo, il quale muova il cuore e lo rivolga a Dio, apra gli occhi dello spirito e dia "a tutti dolcezza nel consentire e nel credere alla verità". Affinché poi l'intelligenza della Rivelazione diventi sempre più profonda, lo stesso Spirito Santo perfeziona continuamente la fede per mezzo dei suoi doni».

La fede quindi è ascolto, risposta, totale abbandono, sequela. Nella Scrittura la fede è identificata soprattutto con Abramo, padre della fede, e con Maria: Colei che è beata perché ha creduto.

2. «Dato che non devo precederLo, anche nelle tenebre il cammino è sicuro»

Ho voluto prendere in considerazione queste *spiegazioni* sulla fede perché potremmo rivederle parola per parola e cucirle addosso alla vita di Madre Teresa. Ogni aspetto del testo appena citato trova totale accoglienza negli atti e negli atteggiamenti della madre. Innanzitutto l'umiltà, di cui però ci occuperemo più avanti e poi soprattutto la fede e la fiducia. Aveva fiducia in Dio perché aveva fede in Dio. Aveva fede nella Suo intervento. Aveva fiducia nelle Sue tipologie di intervento. Poiché la sua fede è stata forte, Dio ha potuto operare meraviglie e lei da parte sua ha ottenuto tantissimo. È stata beata perché ha creduto, anche nei momenti di abissale oscurità, nell'adempimento delle promesse di Gesù: «Quanto a me, grazie a Dio ci è stato detto di seguire Cristo; dato che non devo precederLo, anche nelle tenebre il cammino è sicuro. Nei giorni più difficili, rimango ferma come un bambino piccolissimo e aspetto con pazienza che la tempesta si calmi»[121].

[121] *Sii la Mia luce*, p. 227.

Spesso in noi l'inquietudine nasce quando vogliamo andare avanti da soli, quando pensiamo di voler portare il nostro passo e non ci rendiamo conto che non stiamo portando il nostro vero passo, ma quello di qualche nostra proiezione sul futuro, su come dovrebbero andare le cose. È Dio che invece sa portare veramente il nostro passo. Ci conviene fidarci di Lui!

Come cristiani sovente ci di dimentichiamo che stiamo seguendo Lui, che dobbiamo seguire Lui: dove potrebbe condurci di sbagliato? In effetti, non abbiamo paura che ci conduca in un luogo sbagliato, abbiamo paura che non si faccia quello che noi pensiamo possa renderci felici, che ci conduca in qualche luogo che noi non avevamo pensato. Abbiamo cioè paura di essere spiazzati. Ma meglio essere spiazzati da Dio che restare nelle nostre sicurezze! Fin quando nella nostra vita non si attua questo abbandono e questo saper essere discepoli e dunque camminarGli dietro, saremo sempre in balia di turbamenti, paure, angosce. Non lo dimentichiamo: l'abbandono genera serenità, vera spensieratezza e quindi anche saggia allegria. Un bel consiglio ci viene da San Filippo Neri: «L'allegrezza cristiana interiore è un dono di Dio, derivato dalla buona coscienza, grazie al disprezzo delle cose terrene, unito con la contemplazione delle celesti. Si oppone alla nostra allegrezza il peccato; anzi, chi è servo del peccato non può neanche assaporarla: le si oppone principalmente l'ambizione. Le è nemico il senso, e molto altresì la vanità e la maldicenza. La nostra allegrezza corre gran pericolo e spesso si perde col trattare cose mondane, col consorzio degli ambiziosi, col diletto degli spettacoli», S. Filippo Neri.

Non ci aveva Gesù stesso già detto di essere Lui la Via? Cosa cerchiamo ancora? Quale via vorremmo seguire? Dove vogliamo arrivare? Quale cammino vorremmo percorrere? Quando diciamo che non troviamo la via non è perché non c'è una via per noi, ma perché vorremmo trovarne qualcuna che corrisponda ai nostri progetti che il più delle volte sono mediocri. Tutte le vie di Dio invece conducono in luoghi dove noi neanche oseremmo non solo pensare, ma sperare. Le vie di Dio conducono alla felicità piena, al compimento dei nostri desideri più profondi. Il filosofo francese Jean Guitton scrisse: «Mi rendo conto che l'Altro cerca continuamente di spezzare ciò che credo di desiderare, cosicché io possa realizzare quello che voglio più profondamente di quanto desidero»[122]. Quando le cose non vanno come pensiamo è perché Qualcuno vuole che vadano meglio! A riguardo le espressioni della Madre sono innumerevoli.

«Nelle cose che secondo noi non vanno forse Dio vuole la nostra fiducia»[123]. Non è questa affermazione un modo semplicissimo e rasserenante per vivere tutto ciò che non riusciamo a comprendere? Non è un bel modo per dare a Dio e mostrare a noi e a gli altri, come testimonianza, la nostra fiducia e in un certo senso il nostro amore? Non dimentichiamo che la fiducia è contagiosa, perché fa nascere negli altri il desiderio di voler vivere con quella serenità che è presente nelle anime che hanno fede adulta e quindi vera stima di Dio. Credere in modo profondo e maturo in Dio non è altro che avere stima di Lui. Avere fiducia è il modo migliore per lasciare che Lui agisca: «Più riponiamo fiducia in Lui, più Lui interverrà»[124]. E, quando Lui agisce, non si muove mai con tirchieria ma con smisurata generosità e creatività: «Molto spesso mi sento come una piccola matita nelle mani di Dio. È Lui che scrive, è Lui che pensa, Lui compie ogni movimento: io devo soltanto essere la matita»[125].

Se provassimo ad immaginare, come in dei dipinti o in dei disegni, gli eventi della vita di Madre Teresa realizzati da Dio grazie alla sua docilità, avremmo dei veri capolavori d'arte creativa. Allora contempliamoli! e facciamoci trasformare dai santi desideri che potrebbero suscitarci dentro!

Ognuno di noi potrebbe verificare cosa il Signore stia scrivendo tramite la sua vita oppure invece se non stia scrivendo proprio nulla, a causa della resistenza a lasciarLo agire in modo totalmente libero. Potremmo inoltre chiederci cosa significhi per la nostra vita, nel concreto, pensando alla

[122] J. GUITTON, *Che cosa credo*, Milano, Bompiani 1994, p. 97.
[123] *Sii la Mia luce*, p. 36.
[124] *Sii la Mia luce*, p. 73.
[125] *Sii la Mia luce*, p. 367.

nostra attuale situazione, dire a Gesù: «Fa' di me ciò che Tu vuoi» quindi, non rifiutarGli nulla di quanto ci sta chiedendo.

3. *«In Lui e con Lui posso fare tutto ciò che Lui vuole io faccia»*

Con Dio accanto Madre Teresa sapeva di poter fare tutto: «In Lui e con Lui posso fare tutto ciò che Lui vuole io faccia»[126]. È profonda e molto intelligente questa affermazione: voleva fare solo tutto ciò che Gesù le avrebbe chiesto, non altro, per cui per quale motivo doveva preoccuparsi? Non aveva nulla di personale da difendere, nulla di ambizioso da raggiungere, nulla da nascondere né a sé stessa né a Gesù. Come abbiamo detto già molte volte aveva consegnato tutto di sé stessa. Sapeva di non volerGli rifiutare nulla, per cui era certa che il Signore, di tutto ciò che sarebbe stato indispensabile, non le avrebbe rifiutato nulla. Questa sicurezza l'ebbe sicuramente sin da quando si congedò dalla sua famiglia. Nel momento della partenza sua madre le aveva detto: «Metti la tua mano nella Sua mano e cammina sola con Lui. Vai avanti, perché, se ti volti indietro, tornerai»[127]. Senz'altro queste parole ci ricordano quelle di Gesù: «Nessuno che mette mano all'aratro e poi si volge indietro è adatto per il regno di Dio» (Lc 9,62).

È bellissima questa immagine che Madre Teresa ricevette da sua madre quando si congedò da casa. *Mettere la mano nella mano di Dio* significa considerarsi piccolini e bisognosi di essere guidati da qualcuno più esperto, più forte, in grado di difenderci. Dopo aver risposto di sì al Signore che chiama, l'importante è camminare, camminare sempre senza fermarsi, se Lui cammina, senza guardarsi indietro, senza sé e senza ma, sapendo di camminare con Lui.

In un certo senso le parole della madre furono anche una profezia per Teresa. Per quasi tutta la vita, infatti, ha dovuto camminare sola, senza nessun vero appoggio umano (nonostante i confessori le dessero un discreto sollievo la sua solitudine era profonda) e spesso senza neanche il sentimento della presenza di Dio dentro di sé. Ma il suo abbandono era stato talmente radicale che era certa del fatto che, anche se non Lo sentiva o si sentiva rifiutata, tutto era opera Sua. Madre Teresa non badava più neanche a sé stessa quando camminava con Lui, perché era totalmente dimentica di sé. Seguiva passo passo solo la Sua volontà, con il proposito di non rifiutarGli nulla. E fu questo proposito, portato avanti con eroica santità e abnegazione, a svuotarla di sé sempre di più. Ecco una prova dei suoi desideri mentre in una lettera chiedeva preghiere: «Preghi per me, perché possa dimenticare me stessa completamente in quell'abbandono assoluto alla Santa Volontà di Dio. [...] Non so quanto più in profondità arriverà questa prova, quanto dolore e quanta sofferenza mi porterà, ma ciò non mi preoccupa più. Lascio fare a Lui, come per qualsiasi altra cosa. Voglio diventare una santa secondo il Cuore di Gesù: mite e umile. In questo momento è l'unica cosa che mi importa davvero»[128]. Oppure: «Voglio fare la Sua volontà, questo è tutto. Sebbene a malapena la capisca»[129].

Addirittura, talmente la considerava una grazia, che non si sentiva neanche degna di vivere la prova dell'oscurità e dell'abbandono: «Signore, mio Dio, chi sono io perché Tu mi abbandoni?». Una espressione simile fu detta da Gesù sulla croce. Fu il momento di più intima unione con Dio Padre. Madre Teresa, facendosi questa domanda, pur se nella sofferenza atroce, si sente prediletta dal Padre. Forse la considera la grazia più profonda e grande che Dio avesse potuto concederle: percepire lo stesso sentimento di Gesù in croce, cioè sentirsi totalmente e radicalmente abbandonata da Dio. Ma in questo caso il momento di massimo abbandono coincide con il momento di massima vicinanza. Dio che non si sente più, in questi casi, è Dio che si stabilisce definitivamente nel cuore di chi fa questa esperienza.

---

[126] *Sii la Mia luce*, p. 104.
[127] *Sii la Mia luce*, p. 25.
[128] *Sii la Mia luce*, p. 193.
[129] *Sii la Mia luce*, p. 261.

Brian Kolodiejchuk scrive queste parole: «Lei aveva fede, una fede biblica, una fede cieca, una fede che era stata messa alla prova nel crogiuolo della sofferenza e che aveva tracciato il cammino verso di Lui attraverso l'oscurità. Senza lasciarsi vincere dai sentimenti, lei continuava a vivere con la fede che pur sentiva perduta»[130]. Altrove: «Madre Teresa mantenne il suo Sì a Dio, rimanendo aperta alla Sua volontà come essa si manifestava in ogni dettaglio, e si abbandonava ogni volta in modo nuovo, non importa cosa Dio le domandasse»[131]. Ancora: «Madre Teresa aveva raggiunto un punto della sua vita in cui non osava più addentrarsi e neanche porsi domande sul mistero della propria condizione interiore. La accettava "con un grande sorriso", come faceva con qualsiasi altra cosa Dio volesse o permettesse»[132].

Accettava tutto con una grande sorriso! Infatti, così incoraggiava gli altri: «Perché dovresti essere triste? [...] Grazie a Dio siamo nelle Sue mani. Lui si prenderà cura di noi. Adesso dobbiamo davvero fidarci di Lui ciecamente»[133]. Fiducia in Dio e gioia sono strettamente correlati e la Madre faceva in modo che anche le sue sorelle vivessero consegnate totalmente, sia perché le voleva felici, sia perché tale atteggiamento era indispensabile per il loro tipo d'apostolato. Di estrema saggezza e sagacia esperienziale, così come espressione di cura e tenerezza verso le sorelle più giovani, il seguente aneddoto: «Una volta vidi una sorella dal viso triste uscire per l'apostolato, la chiamai nella mia stanza e le chiesi: "Cosa ha detto Gesù, di portare la croce davanti a Lui o di seguirLo?". Con un grande sorriso mi guardò e disse: "Di seguirLo". Quindi le domandai: "perché cerchi di precederLo?". Lasciò la mia stanza sorridendo. Aveva capito il significato di seguire Gesù»[134].

Amava ripetere loro: «Il vostro apostolato di dare Gesù è così bello!»[135]. Conoscendo però in modo profondo lo spirito umano ci teneva anche a ricordare che avrebbero potuto percepire tutta la bellezza di questa missione, solo in maniera direttamente o inversamente proporzionale al loro rapporto intimo con Gesù. Se fosse venuto meno questo, avrebbe prevalso il senso di umana fatica, la loro attenzione sarebbe stata catturata da questa e di conseguenza avrebbero mormorato o vissuto con scontentezza. Quindi, amorevolmente le stimolava così: «Lasciamo mano libera a Gesù!»[136]. E spiegava loro che lasciarGli mano libera significava rinunciare non solo alla volontà ma agli stessi desideri, perché ci sono cose che il Signore non impone in quanto la nostra volontà la rispetta sempre. Certo, ce ne sono altre che invece Lui realizza lo stesso, perché la Sua provvidenza va oltre la nostra volontà e i nostri desideri, e perché vuole portare avanti il Suo piano di salvezza per tutti ma, lasciarGli la totale disponibilità significa che poi Egli sarà libero di chiederci non solo le cose ordinarie ma tutto. A chi Gli dà questa disponibilità chiederà tutto, perché Lui cerca, vuole, desidera, questo tipo di relazione, cioè una relazione totale. Chiederà tutto perché vorrà relazionarsi con noi così come Lui ha fatto per noi: donandosi tutto.

4. Una logica teocentrica

Per quanto riguarda la visione del mondo, di Dio, la gerarchia dei valori personali, ognuno ha la sua.

Brian Kolodiejchuk scrive che Madre Teresa aveva «una logica teocentrica fondata sulla fiducia»[137]. Ciò significa che le sue categorie mentali, il suo modo di ragionare, di programmare, di interpretare gli eventi, avevano al centro Dio.

Ognuno di noi ha una sua logica con la quale pensa, interpreta, agisce, ama, soffre, spera, dispera. Le nostre categorie mentali si formano con l'educazione ricevuta, gli studi fatti, con le

[130] *Sii la Mia luce*, p. 245.
[131] *Sii la Mia luce*, p. 255.
[132] *Sii la Mia luce*, p. 277.
[133] *Sii la Mia luce*, p. 267.
[134] *Sii la Mia luce*, p. 228.
[135] *Sii la Mia luce*, p. 238.
[136] *Sii la Mia luce*, p. 248.
[137] *Sii la Mia luce*, p. 105.

esperienze della vita, l'ambiente che abbiamo frequentato o frequentiamo, con la fede o la sua mancanza, tutto insomma lascia delle impronte più o meno marcate in noi. *Noi, siamo noi e le nostre circostanze*, scriveva il filosofo Ortega y Gasset. A motivo di ciò ognuno di noi ha un suo approccio a tutto.

Il passato ha generato in noi delle convinzioni razionali che influenzano in bene e in male i nostri comportamenti del presente. Ma noialtri non siamo però determinati totalmente e solo dal passato. È vero che esso genera condizionamenti ma è ancora più vero che siamo liberi per cui, ogni scelta, non è solo mero risultato del nostro *belief system*, cioè del nostro *sistema di credenze*. Per *sistema di credenze* non intendiamo solo le credenze religiose ma tutto ciò che per noi è diventato una struttura interna che ragiona, pensa, valuta, reagisce, prende iniziativa. Nel sistema di credenze quindi ci entra tutto quello che abbiamo appena detto. Tutto questo genera un sistema di convinzioni e di opinioni sul mondo e su tutto ciò che di questo ne fa parte. Sono una sorta di struttura interna, logica, psicologica, spirituale.

Molti comportamenti sbagliati o modi di valutare equivoci provengono sia dalla libertà mal esercitata nel presente, sia da un'analisi mal fatta nel presente, sia da quelli che sono chiamati *irrational beliefs*: i nostri *sistemi di opinioni-credenze errati*. Possono esserlo alcune pretese assolutistiche, alcune convinzioni troppo rigide, ecc. Questi generano, appunto, categorie mentali irrazionali: non realiste, condizionate e condizionanti negativamente. Spesso un comportamento ansioso, o il senso di inadeguatezza o di insicurezza riguardo alla realtà, un modo di essere eccessivamente rigidi o molli, etc., possono derivare dagli *irrational beliefs*.

Un altro modo di valutare in modo errato, soprattutto le persone, è la cosiddetta *reificazione*. Viene da *res* = *cosa* e significa *cosificare* le persone, cioè etichettarle dentro schemi definitivi che non lasciano spazio o possibilità al cambiamento e al miglioramento. L'altro viene identificato con il suo errore: "sei sempre lo stesso!", "non cambi mai!", "tanto tu sei così!", ecc.

Dio non ha questa logica con noi! Egli ha con noi una logica innanzitutto da Padre di misericordia. Dio spera sempre per noi, in noi! Quelle sono valutazioni senza speranza, che non prendono in considerazione la dignità di ogni uomo, il suo essere stato creato ad immagine e somiglianza di Dio, il suo essere persona libera e quindi possibile al cambiamento e al miglioramento. Ogni persona ha sempre diritto, fino alla morte, ad una nuova possibilità, ad una possibilità in più. Ogni persona ha un diritto: l'altro può e deve sempre sperare in un mio miglioramento.

Se diciamo che Madre Teresa aveva una logica teocentrica significa che, dobbiamo riprendere tutto quello che abbiamo fin qui appena detto, e metterci al centro Dio. Il *belief system* di Madre Teresa era Dio. Ma lo era non solo da un punto di vista psicologico. No! In lei, Dio, era una presenza interna viva e forte e quindi lei era condizionata in tutto da Dio ed era condizionata in modo divino! E tale condizionamento interno era solo e semplicemente il desiderio di amare l'altro e quindi di guardarlo come lo guardava Dio, di dargli fiducia, di sperare sempre per il bene. Questa è una visione di speranza! Una visione realista sull'uomo!

Avere una logica teocentrica significa, primariamente, non averla egocentrica, narcisista, denarocentrica, ecc. Significa che io sono decentrato da me e vedo l'altro come persona amata da Dio anzi, con il mio modo di relazionarmi, rendo presente all'altro lo stesso sguardo di Dio!

La nostra logica soggiace a ciò che per noi è assoluto, essa dipende cioè dal nostro dio, dai nostri idoli. Ciò che per noi è assoluto condiziona il nostro presente e se l'assoluto non è Dio, la nostra logica pesca in quella parte di noi dove ancora abitano tutti i condizionamenti negativi del passato e restiamo succubi del nostro egoismo, del nostro narcisismo e di ciò ch'è male. Così, con le nostre azioni, invece di amare, strumentalizziamo tutto e tutti.

La logica di Madre Teresa era teocentrica! Lo era nelle relazioni, lo era nell'interpretazione del passato, nel vivere il presente, nella speranza sul futuro. Tale logica era teocentrica e per di più basata sulla fiducia. Vuol dire che tutto, per lei, doveva essere guardato, analizzato, vissuto, fatto, mettendo al centro Dio e la fiducia in Lui. Ecco perché era sempre gioiosa! Chi più di Dio può prometterci e garantirci il bene e il bello? È Dio che rende il nostro orizzonte verso il bene, infinito. L'uomo, da sé, non può andare oltre una logica semplicemente umana o, al massimo, umana e ottimista. Ma l'ottimismo non basta, perché è solo disposizione e sforzo umano, per quanto encomiabile (quando non è mera ingenuità).

Anche nel rapporto con Dio possiamo avere diverse logiche. Infatti, il nostro sistema di opinioni e credenze, condiziona (positivamente o negativamente) il nostro sguardo su di Lui, la nostra Sua percezione. Possiamo quindi relazionarci con Lui in modo narcisistico e vederLo in un certo modo, in modo amartiologico e pensare che Lui stia sempre a contare i peccati che facciamo, in modo pretenzioso e quindi non aver mai gratitudine, in modo sospettoso e quindi non fidarci, in modo pauroso e servile e quindi non vederLo come un Padre amorevole, ma come un padrone da temere.

Madre Teresa aveva una logica teocentrica anche nel suo intendere Dio e relazionarsi con Lui per cui Lo percepiva secondo ciò che Lui è veramente. Non essendo condizionata da sue proiezioni errate e soprattutto avendoLo conosciuto veramente, per lei Dio era un Padre Misericordioso e Buono. Sicuramente nella sua anima poteva cantare: «Tuo è il regno, Signore; tu ti innalzi sovrano su ogni cosa. Da te provengono ricchezza e gloria; tu domini tutto», (1 Cr 29,10).

Un prezioso studio di Gloria Germani raccoglie e identifica alcune di quelle che possiamo chiamare le categorie di Madre Teresa o formule che utilizzava ripetere spessissimo e che soprattutto viveva con altissima coerenza. Eccone alcune: "abbandono totale", "servizio libero offerto con tutto il cuore", "amore indiviso, non diviso", "amore in azione", "un cuore pulito", ecc. Secondo il parere della Germani «[...] esse testimoniano quanto la sua visione del mondo si sia determinata una volta per tutte in maniera chiara e distinta»[138].

[138] *Il pensiero di Teresa di Calcutta*, p. 41.

III. La volontà di Dio[139]

5. *L'obbedienza e l'abbandono di Madre Teresa*[140]

6.1. «Non dite "devo obbedire" *ma* "amo obbedire"*»*

Concludiamo questo lungo ma essenziale paragrafo con altri aneddoti e insegnamenti di Madre Teresa sull'obbedienza e sull'abbandono totale alla volontà di Dio.

Innanzitutto queste semplici ma incisive parole, con le quali si rivolge alle suore, sul non aspirare a cose troppo alte: «Non avrete la prontezza di dire *sì* alle cose grandi se non imparerete a dire *sì* alle migliaia di occasioni di obbedienza che vi si presentano nella vita di tutti i giorni». L'obbedienza quindi si impara partendo dalle piccole cose: chi è fedele nel poco sarà fedele nel molto. Questa obbedienza possiamo impararla da Gesù. Egli ha obbedito sempre, sia nelle grandi occasioni sia durante i 30 anni di vita a Nazareth, sottomesso a Giuseppe e Maria e, in loro, a Dio Padre.

Ancora alle suore dice: «Gesù non aveva bisogno di fare tutto quello che ha fatto. Lui è uguale a Dio: Dio da Dio, Luce da Luce. Ciononostante, si sottomise e accettò di obbedire, di nascere, di andare a Nazareth. Accettò di essere spostato da un posto all'altro. Quando il sommo sacerdote Gli chiese: "Se tu sei il Cristo dillo a noi", Gesù obbedì e rispose. Sapeva che se avesse obbedito sarebbe stato crocifisso, ma il Suo abbandono era totale. Noi siamo venute qui per essere come Lui? Siamo venute qui per essere totalmente sottomesse, e invece continuiamo a dire che la superiora è stata gentile o è stata brusca, che è bianca o nera. Gesù, al contrario, obbedì a tutti, che si trattasse di Maria, di Giuseppe o di Pilato.

Nel Vangelo, troviamo molte prove dell'obbedienza di Cristo. Se dovessimo andare a Nazareth in spirito, sentiremmo prima la risposta di Nostra Signora all'angelo: "Avvenga per me secondo la tua parola". Poi leggiamo di Gesù: "Scese dunque con loro e stava loro sottomesso"; ad un carpentiere, Giuseppe, e a Maria, che secondo una prospettiva meramente umana era una semplice ragazza di paese. Poi udiamo Gesù dire: "Sono venuto dal cielo per fare la volontà del Padre mio, di Colui che mi ha mandato". E durante la Sua passione, obbedisce ciecamente ai Suoi carnefici. È su questi esempi che Gesù ci offre nel Vangelo che dobbiamo costruire la nostra obbedienza.

Come obbediva Gesù! Qualche tempo fa, stavo meditando e restai colpita dal fatto che Gesù avesse vissuto in quella piccola casa a Nazareth per trent'anni, pulendo, lavando, cucinando con Sua Madre; facendo solo cose ordinarie, così ordinarie che in seguito la gente avrebbe detto: "Come è possibile che Lui faccia ciò che fa?". Erano tutti scioccati, semplicemente. Trent'anni in quella minuscola casa a Nazareth, una vera casa dei poveri, come quelle che hanno alcune delle nostre famiglie, case semplici: non tre anni, non quindici, nella stessa casa, con lo stesso lavoro, nello stesso posto, con Suo padre e Sua madre. Mi colpì davvero pensare che per trent'anni avesse vissuto in una casetta come quella. Lui, il Creatore del mondo, il Dio vivente. Ma la Sua fu una vita di totale obbedienza. Sorelle, voglio che comprendiate quello che sto dicendo: amate l'obbedienza. Non dite "*devo obbedire*" ma "*amo obbedire*". Amo sentire quella campanella, amo eseguire il modesto compito che mi è stato assegnato. Sempre *amo*, non *devo*. Io mi obbligo sempre a dire *amo*».

6.2. La superbia della disobbedienza

Il primo peccato, al di là delle descrizioni che possono essere fatte di esso, per Rivelazione, sappiamo che fu un peccato di superbia e disobbedienza. Madre Teresa intendeva il voto di povertà anche come modo di riparare questo primigenio atto di insubordinazione, contestazione e

---

[139] Per la stesura di questo paragrafo faccio riferimento a: Vital Lehodey, *Il santo abbandono*, San Paolo, Cinisello Balsamo 2008, pp. 21-47.

[140] I testi sono tutti citati da: *Dove c'è Amore, c'è Dio. La via per la felicità spirituale*, pp. 280-300.

opposizione a Dio: «L'obbedienza deve essere qualcosa di spirituale, poiché la troviamo anche nei cieli. La disobbedienza fu il primo peccato; proprio davanti a Dio, Lucifero, rifiutò di sottomettersi, rifiutò di obbedire, non sulla castità o su qualcos'altro, ma dichiarando: "Non voglio servire"[141]. Quando fu cacciato dal Paradiso, essendo desideroso di avere altri compagni, andò da Adamo ed Eva, a cui Dio aveva detto: "Potete mangiare di tutti gli alberi del giardino" specificando però di "non mangiare da questo albero". Dicono che fosse un albero di mele. Dovevano esserci molti altri alberi di mele, ma loro non potevano toccare quell'unico albero. Quello che accadde fu una prosecuzione del primo peccato: Adamo ed Eva rifiutarono di obbedire e mangiarono il frutto. Quando noi disobbediamo, è di nuovo una prosecuzione del primo peccato; è quel primo peccato che ci rende peccatori. A causa di quel primo peccato, abbiamo la tendenza a peccare. Devo affrontare questa realtà dentro di me. Come religiose, cerchiamo di rimediare, di riparare il danno di quel primo peccato, ed è per questo che facciamo voto di obbedienza».

Colmo di saggezza pratica e di luce divina il seguente discorso. Nella mancanza di obbedienza nella vita di tutti i giorni ai doveri della vita, ai genitori, tra marito e moglie, ai superiori, qui in queste piccole ma essenziali cose, scorge l'origine di ogni problema e la mancanza di pace interiore: «Oggi abbiamo tante famiglie divise perché manca quell'obbedienza, quell'abbandono reciproco, tra marito e moglie, genitori e figli. Ci sono così tanti problemi con i giovani perché vogliono essere liberi di fare come pare a loro. Ci sono così tanti problemi nelle nostre comunità, così tante seccature, perché le sorelle vogliono fare di testa loro, vivere a modo loro. Al giorno d'oggi, molte religiose parlano del bisogno di dialogo, di libertà personale, come se una vita di obbedienza ti privasse di queste cose. Parlano anche del grane bisogno di una vita di comunità, ma non può esserci vita di comunità senza un superiore, e la presenza di un superiore implica immediatamente obbedienza. In una vita comunitaria c'è bisogno di qualcuno che prenda il posto di Dio, e la superiora è il mezzo che Lui usa per esprime la Sua volontà. Quindi non è *lei* ma *Lui*. La superiora è come la matita nelle mani di Dio. [...] Non pensiamo ai voti come a qualcosa di crudele. Oggi c'è l'abitudine di pensare che una volta persa la libertà di fare ciò che si vuole, come si vuole, non abbia più senso a continuare ad essere religiose. In realtà, le religiose che parlano in questo modo sono quelle che hanno perso la vera libertà di vivere da religiose autentiche, e che sarebbero più a proprio agio fuori dalla comunità».

6.3. Senza preghiera niente obbedienza e senza obbedienza niente preghiera

L'obbedienza, essendo un atto di fiducia in Dio che si manifesta tramite il superiore, nel caso dei religiosi, ma che si manifesta anche con i comandamenti, e con i fatti della vita, per tutti, è insopportabile e impossibile da vivere se non si ha un cuore libero e puro. Ed è possibile liberare il cuore solo con la preghiera fervente e costante: «Non possiamo obbedire quando il nostro cuore è impuro, corrotto da gelosia, polemiche, malcontento e pigrizia. Quando ci sono queste cose, non siamo pure. Essere puri di cuore e avere un cuore libero sono la stessa cosa. Basta dire *sì*, non c'è bisogno di spaccarsi la testa. Ma per avere un cuore puro è necessario pregare, le due cose vanno mano nella mano. E così diventeremo sante».

La vera obbedienza però è quella fatta liberamente e nell'amore. Non è vera obbedienza quella fatta a malincuore e perché le cose non possono essere diversamente. Quest'ultima è obbedienza di schiavi. Madre Teresa spesso ripeteva alle sue suore di obbedire con gioia, sia a Dio che ai superiori e, in questo caso, l'obbedienza non potrà essere vissuta con gioia se nel superiore non si riconosce, tramite la fede, il volere di Dio.

[141] Is 14,12-15: « Come mai sei caduto dal cielo, Lucifero, figlio dell'aurora? Come mai sei stato steso a terra, signore di popoli? Eppure tu pensavi: "Salirò in cielo, sulle stelle di Dio innalzerò il trono, dimorerò sul monte dell'assemblea, nelle parti più remote del settentrione. Salirò sulle regioni superiori delle nubi, mi farò uguale all'Altissimo". E invece sei stato precipitato negli inferi, nelle profondità dell'abisso!»

6.4. Obbedire: ciecamente, gioiosamente

Concludiamo il paragrafo con il seguente aneddoto molto forte preceduto e accompagnato da altri brevi insegnamenti semplici ma stupendi per la profondità: «Perché la nostra obbedienza sia gioiosa e pronta, dobbiamo essere convinte che è Gesù Colui a cui obbediamo. E come raggiungiamo questo stato? Attraverso la pratica di un'eroica virtù di obbedienza: amore per amore. Se volete sapere se davvero amate Dio, ponete a voi stesse questa domanda: "Sto obbedendo?". Se sto obbedendo, allora va tutto bene. Perché? Perché tutto dipende dalla mia volontà. Diventare santa o peccatrice dipende da me. Quindi vedete quanto è importante l'obbedienza. La nostra santità, dopo la grazia di Dio, dipende dalla nostra volontà. Non sprecate tempo aspettando grandi cose da fare per Dio, trascurando intanto le regole della vita religiosa. Non avrete la prontezza di dire *sì* alle grandi cose se non vi allenate a dire *sì* alle migliaia di occasioni di obbedienza che vi si presentano nella vita di tutti i giorni. Per esempio, ecco cosa accadde ad una delle Missionarie della Carità.

Una giovane sorella fu mandata a studiare per completare il Baccalaureato in Teologia. La mattina del giorno in cui furono comunicati i risultati, appena due ore prima che uscissero, lei morì. Mentre la giovane sorella stava morendo chiese: "Perché Gesù mi ha chiamato per un periodo così breve?" E la madre rispose: "Gesù vuole te, non il tuo lavoro". Questa risposta la rese felice. Dobbiamo svolgere il nostro lavoro in obbedienza. Dunque, l'obbedienza deve essere qualcosa di molto importante, poiché tutto è fondato su di essa.

Conoscere Dio, amarLo, servirLo: questo è lo scopo della nostra vita, e l'obbedienza ci dà la chiave per tutto questo. Ora, se vivo costantemente in compagnia di Gesù, anche io mi comporterò così. Nulla è più gradito a Dio della nostra obbedienza. Dobbiamo amare Dio, non per quello che ci dà ma per quello che si degna di prendere da noi. I nostri umili gesti di obbedienza ci danno l'occasione di dimostrare il nostro amore per Lui».

Per quanto riguarda l'obbedienza e l'abbandono compiuti *ciecamente* e *gioiosamente* la madre dà le seguenti spiegazioni: «Obbediamo *semplicemente* perché è Gesù Colui a cui obbediamo. È così semplice che è difficile capire le complicazioni che talvolta insorgono. Dobbiamo usare gli occhi della fede per vedere Colui che ci ha chiamato e per obbedire *prontamente*, adesso, non domani. Quel *domani* conduce facilmente alla mancanza di rigore.

Ciecamente. Una cieca obbedienza elimina tutti i *perché*. Una volta che si inizia ad usare questa parolina *perché*?, non si arriva da nessuna parte. La vostra vita sarà vuota. Obbedirete con le mani, ma disobbedirete con il cuore. Questa è falsa obbedienza dice Sant'Ignazio. Non è facile, e non possiamo impedire a quei *perché* di presentarsi alla nostra mente, ma possiamo impedire loro di conquistarci. Non appena ne prendete consapevolezza, fate valere la vostra volontà. Sprechiamo così tanto tempo prezioso alle prese con noi stesse. Le superiore non sono tenute a motivare i loro ordini, ma noi siamo tenute ad obbedire.

Gioiosamente. Le sorelle che obbediscono con gioia sono le colonne della nostra Congregazione. Non potete immaginare quanto sia difficile talvolta per una superiora fare un minimo di cambiamento. La vostra sicurezza nella Congregazione dipende prima e soprattutto dal vostro voto di obbedienza. Se obbedite, non potete commettere errori. Dal primo mattino fino alla sera, posso star certa che le mie azioni sono giuste perché le ho compiute in obbedienza. Questo senso di sicurezza ci rende felici. Viceversa, se non obbedite, vi sentirete infelici e irrequiete. Dovete provare quell'obbedienza per potervi sentire perfettamente a vostro agio. È molto più facile conquistare un paese che conquistare sé stessi. Ogni gesto di disobbedienza indebolisce la nostra vita spirituale. È come una ferita da cui sgorga ogni goccia del proprio sangue. Nulla può stravolgere la nostra vita spirituale alla velocità in cui può farlo la disobbedienza. Dobbiamo sentirci a nostro agio con Dio, e Dio dev'essere completamente a Suo agio con noi».

I consigli che Madre Teresa ci ha dato sull'obbedienza e sull'abbandono fiducioso sono veramente utili. Sono consigli che innanzitutto lei ha vissuto su di sé. Non hanno molto bisogno di ulteriori commenti perché sono semplici, ma ci tengo a ribadirne ancora una volta la straordinaria profondità. Concludiamo allora con una famosa orazione di Charles de Foucauld che la Madre amava tanto pregare: «Padre mio, io mi abbandono a Te, fa di me ciò che Ti piace; qualunque cosa Tu faccia di me, Ti ringrazio. Sono pronto a tutto, accetto tutto, purché la Tua volontà si compia in me ed in tutte le Tue creature; non desidero nient'altro, mio Dio. Rimetto la mia anima nelle Tue mani, Te la dono, mio Dio, con tutto l'amore del mio cuore, perché Ti amo. Ed è per me una esigenza d'amore il donarmi, il rimettermi nelle Tue mani, senza misura, con una confidenza infinita, perché Tu se il Padre mio».

IV. Le fatiche della missione

1. «Il sacrificio non depaupera»

Le giornate in India, sia per quanto riguardasse le scomodità fisiche, sia per quanto concernesse il caldo torrido, senz'altro erano molto faticose da sopportare. Ma lei andava avanti, conscia che: «La vita di una missionaria non è coperta di rose quanto piuttosto di spine»[142]. C'erano quindi molte fatiche da sostenere e molte peripezie da affrontare, ma non aveva paura. Anzi, quando queste erano presenti, le viveva come motivi di grande gioia perché le abitava come possibilità per amare di più il prossimo, per venir fuori da sé stessa e per avere maggiore fiducia in Gesù.

Le difficoltà sono le possibilità che ci dona la storia, che obbedisce a Dio, per scrostarci del nostro io, per uccidere l'uomo vecchio egoista e passionale. Se all'apparenza ci scomodano e ci derubano solo energie fisiche e psichiche, quando sono vissute con Cristo diventano fonte di crescita, ricchezza e abbandono. Il filosofo francese Maurice Blondel diceva: «I sacrifici non depauperano ma sviluppano e completano la persona umana».

Dovremmo imparare a guardare con occhi diversi ogni forma di difficoltà. L'uomo potrebbe essere capace di affrontare qualunque situazione ma ciò che lo blocca sono le paure e una lettura ingannata degli eventi. C'è poi anche l'azione del demonio che cerca di paralizzare quella dell'uomo, soprattutto quando sta compiendo cose belle e buone. Egli, con sofismi e menzogne, cerca di far vedere le cose da compiere come titani giganti, le difficoltà come mostri che ci tolgono la vita, gli altri come coloro che ci derubano il tempo, ecc., e una volta che siamo caduti in questi inganni, preferiamo difendere le nostre sicurezze, il nostro tempo, i nostri progetti e non facciamo più la volontà di Dio.

2. Il male, il demonio, le tentazioni: insegnamenti di Madre Teresa

Madre Teresa non parlava tantissimo del demonio. Ma abbiamo alcuni discorsi in cui le era chiarissima la sua tentazione.

In data 16 febbraio 1946 troviamo scritto nel suo diario: «Oggi ho ricevuto una bella lezione: la povertà dei poveri deve essere spesso così dura per loro. Mentre ero alla ricerca di una casa, ho camminato e camminato fino a che le gambe e le braccia non mi hanno fatto male. Ho pensato a quanto dolore debbano anche loro provare nel corpo e nello spirito quando vanno alla ricerca di casa, cibo, aiuto. La tentazione è diventata fortissima. Gli edifici regali di Loreto sono balenati davanti ai miei occhi, tutte le cose belle e il benessere, la gente con cui loro sono a contatto, in una parola tutto. "Devi solo dire una parola e tutto questo sarà di nuovo tuo", ha continuato a ripetermi il tentatore. Di mia libera scelta, mio Dio, e per amor Tuo, desidero rimanere, e compiere quale che sia il Tuo Santo Volere nei miei confronti. Non ho lasciato scendere neppure una lacrima. Se anche dovessi soffrire più di adesso, voglio comunque fare la Tua Santa Volontà. Questa è la notte oscura della nascita della congregazione. Mio Dio, dammi il coraggio adesso, in questo momento, di perseverare nel seguire la Tua chiamata»[143].

Nel dicembre del 1996 mentre era ricoverata in ospedale, si verificarono una serie di complicazioni che lei attribuì all'azione del maligno. Queste parole proferì: «Il demonio sta lavorando perché io non porti a compimento la missione che il Signore mi ha affidato. Desidera che io muoia, ma io lo combatto con le armi della fede e della preghiera»[144].

---

[142] *Sii la Mia luce*, p. 30.
[143] *Sii la Mia luce*, p. 141.
[144] P. Laghi, *Madre Teresa. Il Vangelo in cinque dita*, EDB, Bologna 2003, 109.

I seguenti insegnamenti di Madre Teresa alle sorelle, sono invece tratti da: *Dove c'è Amore, c'è Dio*[145].

«Non lo conoscete. Il diavolo spesso si presenta come angelo di luce. Ha cercato di ingannare Gesù con splendide parole tratte dalle Sacre Scritture. Più cercate di avvicinarvi a Gesù, più egli vi segue. Dovete dedicare più tempo alla preghiera. Gesù non vi aspetta *solo* nel Tabernacolo, ma nei bassifondi, toccando e amando i poveri. Il diavolo ha idee grandiose, molto astute: è andato addirittura da Gesù citando la Scrittura. Per ingannare persino Lui ha pronunciato quasi unicamente splendide parole. Allo stesso modo il diavolo ricorre alle cose più belle per ingannarci. Sant'Ignazio lo ha esemplificato in modo straordinario: non ci lega con una catena, ma con un filo di seta. È incredibilmente furbo».

«Il diavolo ci tenta non tanto per farci del male, quanto per distruggere Dio in noi. Per lui non siamo nulla, può fare del male a tanti, ma è particolarmente impaziente di distruggere Dio nella mia anima, di separarci, perché sa che Cristo è morto per noi e vuole che noi sprechiamo questo Prezioso Sangue. Ha un odio contro Dio. Cerca di condividere con noi questo suo odio contro Dio facendoci peccare, inducendoci a commettere un'azione malvagia o a formulare un desiderio cattivo. Non c'è peccato fino a quando non gli diciamo di sì. Questo è l'aspetto migliore della faccenda. Sebbene sia il padre della menzogna, sebbene sia convinto di essere molto potente, non può farci dire di sì nemmeno una volta o nelle cose più piccole, se noi non vogliamo. Questo è il dono di Dio concesso a ciascuna anima che, se lo volete, persino il diavolo, persino tutto l'inferno non potrà spezzare. Il peccato giunge dunque solo quando lo vogliamo. Il peccato è il male che distrugge il tempio di Dio che è in noi, che cerca di separare l'anima da Dio. Ed è per questo suo paziente perseverare fino a che non riesce ad ottenere che noi diciamo di sì al peccato che attribuirei al diavolo il Premio Nobel per la pazienza».

«Se ci consentiamo di essere infedeli nelle piccole cose, dicendoci che tanto non importa, quando verrà il giorno in cui vorremmo sbarazzarcene ne saremo talmente coinvolti che non sapremo come fare. Gesù, descrivendo il diavolo come il padre della menzogna, ce lo spiega in due semplici parole. Il diavolo si presenta persino a Gesù come angelo della luce per tentarlo nel deserto. Per prima Gli dice: "Sei affamato; ecco un'ottima ragione per trasformare le pietre in pane". Ma se Gesù lo facesse anteporrebbe le cose materiali alla volontà di Dio. "Il mio cibo è fare la volontà di colui che mi ha mandato". Gesù gli risponde: "Non di solo pane vive l'uomo ma di ogni parola che esce dalla bocca di Dio". Anche uno stupido direbbe che Gesù ha il diritto di mutare le pietre in pane. Ha digiunato per quaranta giorni e nessuno potrebbe farGli obiezione o biasimarLo se lo facesse. Forse se Gesù avesse ceduto, il diavolo si sarebbe spinto ancora oltre. Se quella volta avesse risposto con un sì quando, inchiodato sulla Croce, Lo schernivano, dicendoGli "scendi dalla Croce visto che stai soffrendo", forse lo avrebbe fatto».

«Il diavolo è astuto. Il diavolo non ti suggerisce mai di rubare qualcosa di importante. Dirà soltanto di prendere dieci spiccioli dalla scatola dei soldi. Il giorno dopo qualcosa in più, piano piano. Il primo giorno non vi dirà mai di prendere dieci rupie, ma verrà il momento in cui vi chiederà di sottrarre una grossa cifra dalla scrivania della madre. Nello stesso modo con cui compiamo piccole cose con grande amore, possiamo compiere piccole cose con grande odio nel cuore».

«L'inferno intero vi può circondare ma nessuno vi può costringere, nessuno vi può toccare. [...] Nessun diavolo può toccarci se non siamo noi a volerlo».

Visti alcuni insegnamenti della Madre, mi sembra opportuno dedicare anche qualche pagina all'insegnamento della Chiesa su questo argomento.

---

145 *Dove c'è Amore, c'è Dio*, pp. 127-133.

3. « *Dalle tribolazioni cogliete sempre l'opportunità di offrire qualcosa a Gesù»*[146]

Di fronte ad ogni problema bisogna chiedersi se innanzitutto siamo sulla strada giusta e se stiamo aiutando il prossimo. Poi invocare l'aiuto di Dio e fare un atto di fiducia totale in Lui e andare avanti senza voltarci indietro, spediti come treni ad alta velocità certi che la Sua assistenza è con noi.

Dio non ha pensato la storia come luogo per stare comodi, ma come luogo di santificazione tramite l'amore che dobbiamo donarci gli uni gli altri. La storia non è un divano ma una strada da percorrere. La tentazione spesso presente in noi è quella di voler cambiare le pietre in pane, cioè dover rendere per forza ogni cosa commestibile, digeribile, plasmarla a modo nostro. Ma non tutto possiamo forgiare a nostro modo. Dovremmo quindi avere più fiducia nella storia, perché è il Signore che la guida e noi siamo chiamati a lasciarci condurre da Lui, dicendoGli, come Madre Teresa spesso amava dire: «Usami come vuoi senza neanche chiedermi il permesso».

Quando la missione si presentava particolarmente dura, per la Madre, era il sacrificio da offrire per salvare più anime, quindi una possibilità per ottenere da Dio maggiori grazie. Salvare quante più anime era l'unico fine della sua azione. E proprio perché il fine era questo, e lei era sempre concentrata su questo scopo cioè salvare con l'amore quante più anime, non badava a spese. Non si curava assolutamente del costo della missione, perché quello che già otteneva e avrebbe ottenuto, era smisuratamente di valore più alto, se non infinito: «E' tanto grande il bene che mi aspetto, che ogni pena mi è diletto», diceva San Francesco.

Generalmente le difficoltà quotidiane fanno emergere i nostri difetti e i nostri pregi. Però, quando vengono fuori i primi, di solito proviamo senso di fastidio e non accettazione. Lei viveva con molta determinazione questa lotta ma anche con grande serenità, proprio come una croce da portare[147]. Eccone un aneddoto.

Dopo aver ricevuto il permesso di uscire dalla Suore di Loreto si recò a Patna per formarsi da un punto di vista infermieristico. Sapendo che poi sarebbe tornata a Calcutta e che nel primo periodo avrebbe dovuto trovarsi un alloggio, pensava che il posto migliore sarebbe stato un luogo in cui non la conoscevano, in cui avrebbe trovato difficoltà, un posto cioè in cui avrebbe vissuto in estrema povertà e senza nessun trattamento di favore. Era l'unico modo che vedeva giusto per identificarsi il più possibile con i poveri e per iniziare a sperimentare sin da quel momento ciò che loro vivevano. Pensava così: «[...] sarebbe la migliore medicina per fare uscire da me ogni goccia di orgoglio; soffocherà bene le mie inclinazioni naturali» e rivolgendosi al parroco che avrebbe dovuta aiutarla a trovare l'alloggio gli scrisse: «Dovrà trovarmi un posto in cui sono totalmente sconosciuta. Che ne dice di Gobra? Là, non conosco nessuno. Non racconti nulla: dica solo che una serva sta cercando lavoro e sarebbe contenta di fare qualsiasi cosa. Avrei anche la possibilità di entrare in contatto con i lebbrosi, che sono certa di incontrare fra i mendicanti»[148].

Facciamo nostre allora le parole della lettera di San Giacomo sul beneficio delle prove: «Considerate perfetta letizia, miei fratelli, quando subite ogni sorta di prove, sapendo che la vostra fede, messa alla prova, produce pazienza. E la pazienza completi l'opera sua in voi, perché siate perfetti e integri, senza mancare di nulla» (Gc 1,2-4).

Sulla beatitudine delle prove e sulla possibilità di offrirle al Signore, leggiamo le seguenti parole di Brian Kolodiejchuk: «La finalità del nuovo Istituto veniva attuata non malgrado le difficoltà e le sofferenze, ma precisamente attraverso di esse. Madre Teresa non voleva evitare il sacrificio, né eliminarlo dalla sua vita o da quella delle sorelle. "Cogliete sempre l'opportunità di offrire qualcosa

[146] *Dove c'è Amore, c'è Dio*, pp. 223-230.
[147] Cfr. *Sii la Mia luce*, p. 37.
[148] *Sii la Mia luce*, pp. 134-135.

a Gesù" consigliava incessantemente alle sue compagne. Sapeva che le loro sofferenze avrebbero portato frutto»[149]. Di seguito altri insegnamenti della Madre.

«Certamente non mancheranno tentazioni e sofferenze nella nostra vita. Tutti dobbiamo attraversarle. Perché più il nostro amore per Cristo è grande, più alto sarà il prezzo da pagare. Il prezzo consiste talvolta in grandi umiliazioni. Per la Madre è abbastanza avere tutte queste persone che mi lodano: questa è umiliazione sufficiente. Quando quella umiliazione arriva, accettatela e offritela, non aggrappatevi mai a essa. Accettatela e offritela».

«Una sorella mi disse: "Voglio fare un sacrificio e non accettare caramelle". Io le dissi: "No, è meglio accettare caramelle come tutti gli altri e domani, se qualcuno ti offre qualcosa di amaro, accetta anche quello"».

«"Ci sono solo io in questa casa? Ho pulito di nuovo la toilette!". Può succedere. Malgrado i tuoi sentimenti, può accadere. Non devi sopprimere i tuoi sentimenti, ma devi offrire. Questo è il sacrificio. Questa è la croce che dobbiamo portare».

«Accettate con gioia tutti i piccoli sacrifici che si presentano ogni giorno. Non sottovalutate i piccoli doni, perché sono molto preziosi».

[149] *Sii la mia luce*, p. 148.

V. Non lamentarsi delle difficoltà o delle ingiustizie

1. «Dio infatti ha rinchiuso tutti nella disobbedienza, per essere misericordioso verso tutti»

La vita non è fatta solo di normali difficoltà, a volte ci troviamo a subire anche ingiustizie che possono rattristarci, scoraggiarci o renderci vendicativi.

Ecco come Brian Kolodiejchuk descrive la madre a tal riguardo: «Questa reazione alle difficoltà, piena di fede, era tipica di Madre Teresa. [...] "Nonostante le prove che ha dovuto periodicamente affrontare durante la sua vita religiosa, è molto leale nei confronti dell'Istituto della Beata Vergine Maria, e non l'ho mai sentita lamentarsi né delle superiore, né delle consorelle, anche quando io sapevo che era stata fraintesa". In effetti, anche trovandosi in questa situazione ingiusta, si mantenne incredibilmente caritatevole nei confronti di tutti»[150].

Codesto atteggiamento di alta maturità acquista molto più spessore se consideriamo la serenità con la quale affrontò il suo trasferimento ad Asansol, a causa di «insinuazioni e osservazioni poco caritatevoli»[151] che le consorelle riferirono alle superiore per il fatto che Madre Teresa, nel periodo prima di comunicare tutto al vescovo Perier, era assidua al confessionale per poter parlare con Padre Van Exem. Affrontò con saggio distacco sia la decisione delle superiore, sia il giudizio delle consorelle. In un'altra occasione dirà: «Adesso le offese non mi fanno più male: mi ferisce il danno che una persona fa a se stessa compiendole»[152].

È impossibile pensare di non ricevere ingiustizie. È impossibile pensare che queste possano arrivare solo dai nemici. Spesso arrivano soprattutto dalle persone che amiamo e non per cattiveria loro, ma per fragilità umana perché è difficilissimo non graffiarsi. Nella Lettera ai Romani San Paolo scrive: «Dio infatti ha rinchiuso tutti nella disobbedienza, per essere misericordioso verso tutti» (Rm 11,32).

Non trattando per niente di quelle cattiverie fatte appositamente per vendetta o invidia o gelosia, potremmo fermarci solo a quelle fatte per svista, negligenza non intenzionale, leggerezza, impossibilità di arrivare a tutti e potremmo elencarne a migliaia, sia fatte che ricevute. Quindi, chi di noi può avanzare la pretesa di essere solo vittima? Chi di noi può dire di non aver mai fatto delle ingiustizie? Queste purtroppo o forse per fortuna, accadono, sia intenzionalmente e sia senza intenzioni. Basta solo, a volte, dimenticarsi una piccola cosa che per coloro che ci amano è importante, per recar dolore. Anzi, quanto più si ama una persona tanto più è facile ferirla anche con piccole mancanze o disattenzioni.

L'espressione di San Paolo è quindi di grande aiuto: ci troviamo in una condizione in cui è impossibile non ferirsi, ma è sempre possibile perdonarsi. Questo, credo, sia il tipo di amore che il Signore ci chiede di vivere. Da un parte non è un amore come quello Suo, che verso di noi non sbaglia mai, dall'altra è il modo concreto con il quale ci ama: la misericordia. Dio infatti ha sempre qualcosa da perdonarci. E questa forma di amore è stupenda anche se difficile, perché è l'unico modo per vivere nella comunione. Quest'ultima, infatti, non è qualcosa di asettico, qualcosa dove i conti tornano sempre, ma quella relazione che si costruisce innanzitutto mediante la comprensione, cioè mediante la pratica concreta del perdono. L'amore che il Signore ci chiede di vivere, nelle relazioni, è fondamentalmente la misericordia.

La mormorazione, per le ingiustizie ricevute, ci fa regredire verso l'infantilismo. L'adulto infatti, anche se con fatica, sa vivere con fortezza e fiducia, ogni difficoltà. Quando poi la lamentela, anche se si è nella ragione, viene esplicitata in continuazione anche con gli altri, diventa la cosa più

[150] *Sii la Mia luce*, p. 66.
[151] *Sii la Mia luce*, p. 65.
[152] *Sii la Mia luce*, p. 283.

meschina e pericolosa che possiamo fare, che danneggia non solo il referente, ma chi ascolta e noi stessi. Madre Teresa stava molto attenta affinché le sorelle non si sfogassero tra di loro per le reciproche mancanze, perché non ci vuole nulla per iniettare veleno nel cuore di chi ascolta, soprattutto se non ha le spalle larghe, facendogli nascere pregiudizi o addirittura veri e propri giudizi sbagliati. Il modo migliore per vivere le ingiustizie è accettarle come possibilità che il Signore permette per amare come Gesù stesso ha amato, cioè gratuitamente.

PREGHIERA: «Signore, nostro Dio, tu hai dato te stesso per noi. Noi siamo totalmente a tua disposizione: per essere posseduti da te, affinché possiamo possederti e per ricevere tutto ciò che dai e dare tutto ciò che chiedi, con un grande sorriso. Prendi tutto di noi. Perché tu ti serva di noi come ti piace, senza doverci consultare prima, per offrirti la nostra libera volontà, la nostra ragione, tutta la nostra vita in una fede pura, affinché tu possa pensare con la nostra mente, compiere le tue opere con le nostre mani, amare con il nostro cuore. Amen»[153].

2. *Non mostrarsi afflitti agli altri*

Del mostrarsi o no, agli altri, afflitti, possono essere svariate le motivazioni. Tuttavia credo che se ci troviamo di fronte al confessore o a qualcuno di cui sappiamo e possiamo fidarci, per sua maturità spirituale, allora possiamo lamentarci\sfogarci. Il problema è che il più delle volte ci facciamo vedere afflitti per ricevere apprezzamenti sul fatto che abbiamo fatto\lavorato tanto, che abbiamo ragione, ecc. In fin dei conti a che serve farsi vedere afflitti quando non si tratta di sfogarsi con il confessore? In definitiva, alla radice, serve solo a ricevere considerazione. Madre Teresa non aveva bisogno di questo! A Lei interessava solo completare quello che manca ai patimenti di Cristo. E lo conferma Brian Kolodiejchuk: «La sua unione con Gesù le dette la libertà di renderla indifferente tanto alle lodi quanto alle accuse [...] Aveva consegnato tutto a Dio, tutto il suo essere»[154].

Spesso indugiamo, sostando eccessivamente, nella sterilità della lamentela. Mai dobbiamo dare il primo piano ai nostri dolori! Davanti ai nostri occhi deve sempre dimorare l'amore di Dio e il bene finale. Ed è fondamentale, a volte, anche ironizzare sulle proprie povertà, distanziandoci da noi stessi. Infatti, solo distanziandomi da me, osservo dall'alto le mie angustie, mi interpreto ironicamente un Fantozzi, e per un po' mi alleggerisco prendendomi in giro e aspettando che la *nuvoletta* si allontani.

Non lamentarsi delle ingiustizie significa accettare e perdonare sempre[155] il prossimo. È un insegnamento che in continuazione Madre Teresa teneva in conto e ripeteva. Non credo che le sue comunità, per lo meno nei primi periodi della fondazione e durante tutto il periodo in cui lei visse, avessero seri problemi di comunione, come ad esempio Corinto ai tempi di Paolo. Per lo meno nulla si è saputo.

VI. UMILTÀ

1. *Mera qualità\virtù morale o condizione esistenziale?*

L'umiltà può essere valutata correttamente solo all'interno di un discorso prettamente legato alla Rivelazione in quanto solo in questo ambito essa ha connotazione morale e religiosa. Nonostante sin dall'antichità molti siano stati i contributi di riflessione per questa virtù, forse, fra tutte, la più equilibrata è quella di Aristotele che nell'*Etica Nicomachea* la identifica più o meno con quella qualità capace di trovare la «giusta misura» nelle cose, che è anche la regola della morale. Per cui,

---

[153] *Il mio segreto: prego*, p. 103.
[154] *Sii la Mia luce*, p. 235.
[155] A volte il nostro odio o acredine non è abituato ad uccidere fisicamente solo per questioni culturali, e così prende strade educate e presentabili, ipocrite, ma ha la stessa valenza intenzionale di chi uccide fisicamente.

dal sapersi valutare rettamente in quanto mortale, l'uomo acquista la magnanimità: una via di mezzo tra vanità e pusillanimità.

Dicevamo, nonostante tentativi di spiegazione che prescindevano dalla Rivelazione, è da questa che bisogna partire per trovare significati che vadano oltre la semplice interpretazione etica. Ma, ancora di più, dobbiamo asserire che essa si dispiega pienamente solo nella persona di Gesù che, di sé stesso, dice: «Io sono mite e umile di cuore».

2. *Scrittura e Tradizione: «Dio è umiltà»*

Nell'Antico Testamento, al principio, gli umili erano identificati con le persone povere ed oppresse, che vivevano nella miseria. Di esse Dio si prendeva cura in modo particolare e mediante le leggi dell'alleanza: «guida gli umili secondo giustizia, insegna ai poveri le sue vie» (Sal 25,9). I profeti connettono al termine umiltà una prerogativa di carattere squisitamente esistenziale-religioso. Da quel momento in poi infatti gli umili sono coloro che di fronte a Dio si pongono con un atteggiamento di povertà e che Egli stesso sostiene: «Cercate il Signore voi tutti, umili della terra, che eseguite i suoi ordini; cercate la giustizia, cercate l'umiltà, per trovarvi al riparo nel giorno dell'ira del Signore»[156]; donando grazia e sapienza: «Gridano e il Signore li ascolta, li salva da tutte le loro angosce. Il Signore è vicino a chi ha il cuore ferito, egli salva gli spiriti affranti» (Sal 34, 18-19). Il Libro dei proverbi, invece, così si esprime: «Dei beffardi egli si fa beffe e agli umili concede la grazia» (Pr 3,34) e ancora più esplicitamente il Libro del Siracide: «Figlio, nella tua attività sii modesto, sarai amato dall'uomo gradito a Dio. Quanto più sei grande, tanto più umìliati; così troverai grazia davanti al Signore; perché grande è la potenza del Signore e dagli umili egli è glorificato» (Sir 3, 17-20).

E in Gesù però che l'umiltà si esprime in modo massimo, sia come qualità morale sia come atteggiamento esistenziale verso Dio. Egli manifesta totale umiltà verso Dio Padre attraverso l'obbedienza: «Colui che mi ha mandato è con me e non mi ha lasciato solo, perché io faccio sempre le cose che gli sono gradite» (Gv 8,29); e totale umiltà verso gli uomini tramite la mitezza, che trovava adempimento nell'accoglienza innanzitutto, nella compassione, nel servizio e nella guarigione degli altri.

Non possiamo fare un *excursus* di tutto il Nuovo Testamento ma possiamo dire con certezza, prendendo spunto da quanto affermano i teologi, che «Il fondamento di questa umiltà "esistenziale" di Gesù è la sua vera e propria umiltà "ontologica"»[157]. È Paolo a darne una dimostrazione trovando la radice di tutto ciò nella *spoliazione* dell'incarnazione e nell'atteggiamento di radicale povertà e obbedienza verso il Padre fino alla morte di croce (cfr. Fil 2,7-8).

Vediamo velocemente anche il pensiero posteriore e cioè quello di alcuni Padri e Dottori della Chiesa, nonché quello di qualche santo più recente[158].

Per Origene è Gesù il *Maestro di umiltà* e solo Lui può insegnarcela, mostrandola in modo pieno nell'incarnazione. Stupendo quanto dice S. Ilario: «La Sua umiltà è la nostra nobiltà perché veniamo rinnovati nella carne da Lui assunta». Agostino rivendica la specificità cristiana di questa virtù in contrapposizione ai filosofi di quel tempo. L'umiltà può venire solo dall'alto da «Chi ha voluto farsi umile per noi». Nel commento al Salmo 31 scrive che Gesù è il «Dottore dell'umiltà». Per Cassiano essa è «povertà del cuore radicale». S. Bernardo parla di Cristo come «Via dell'umiltà». Questa risiede in una volontà che ama ardentemente e trasforma le umiliazioni in umiltà. San Francesco d'Assisi ne ha fatto regola esplicita di vita per sé e per i suoi frati: essa «è sorella della povertà». Nelle *Lodi di Dio altissimo*, «Dio è umiltà». Per Tommaso d'Aquino essa è fondamentalmente un atteggiamento verso Dio e potenzia la temperanza. Ignazio di Loyola la

[156] Libro del Profeta Sofonia 2,3.
[157] Tutta la prima parte di questo paragrafo si basa sull'analisi del termine nel *Dizionario Teologico Enciclopedico*, Piemme, 2004[4], voce: «umiltà», pp. 1094-1096.
[158] Si fa sempre riferimento al *Dizionario Teologico Enciclopedico*.

identifica con la sottomissione alla volontà di Dio, nel rifiuto di qualunque tipo di peccato, nell'imitazione di Cristo povero ed umile. Per Santa Teresa d'Avila è la *verità* e sta al fondamento della vita spirituale. Così è anche per Giovanni della Croce. Per Charles de Foucauld essa è la *scelta radicale dell'ultimo posto*. Infine Teresa di Lisieux, a cui Madre Teresa era legatissima. Dal totale abbandono in Dio vissuto con speranza, si può arrivare alla «via dell'infanzia spirituale» e, qui, vivere la vera umiltà nella braccia del Signore, sereni e fiduciosi come dei bambini piccoli.

Dobbiamo sempre contemplare che l'umiltà di Dio ha portato Cristo a farsi frammento della creazione, per far diventare noi frammento del divino.

Dopo questa ampia introduzione torniamo a Madre Teresa.

3. «Neanche adesso sono umile, ma almeno desidero diventarlo[...]»

L'umile non sa di essere umile: «Preghi per me, affinché io diventi una umile[159], generosa religiosa e Lui possa servirsi di me secondo i Suoi desideri»[160]. Questo ne è un esempio. Sono le parole di Madre Teresa all'arcivescovo Périer.

L'umiltà non sono le umiliazioni, bisogna saper trasformare queste in quelle altrimenti queste rimangono semplici mortificazioni che incattiviscono e fanno aumentare la superbia e Teresa, ancora ventisettenne, così le percepiva e si percepiva: «Neanche adesso sono umile, ma almeno desidero diventarlo, e le umiliazioni sono i miei dolci più dolci [...]»[161].

L'umiltà non è neanche solo una sorta di qualità morale che qualifica i nostri atti, ma anche un atteggiamento esistenziale, come abbiamo già detto, una consapevolezza profonda di quello che siamo o non siamo di fronte a Dio. In un certo senso è saggezza sia nel pensiero e sia, di conseguenza, in tutta la vita pratica. Gesù si definisce «mite e umile di cuore» e questa definizione che Egli dà di sé era l'umile ambizione più profonda di Madre Teresa. Così su di lei Brian Kolodiejchuk: «[...] era convinta che Dio si servisse di lei, del suo "niente" per mostrare la Sua grandezza [...] Non si attribuiva mai il merito di ciò che realizzava, e cercava sempre di indirizzare l'attenzione che riceveva verso Dio»[162]. Perché questo? Perché le cose non le faceva per sé stessa. Tutto qui.

L'uomo re-indirizza i meriti che si aspetta, quando fa qualcosa, nell'intenzione più profonda di ogni sua azione. Le aspettative non sono altro che l'altra faccia della medaglia delle intenzioni. Le intenzioni plasmano della loro stessa qualità e indirizzano verso un senso predefinito tutta l'azione dell'uomo.

Lei sapeva che era Dio a fare tutto e quindi dava tutti i meriti a Lui, anzi viveva con molta difficoltà quando si vedeva scaraventata dalle lodi al centro dell'attenzione: «Questa mia nuova vocazione, dal primo giorno a oggi, è stata un "Sì" ripetuto a Dio, senza mai guardare al costo. La mia convinzione che "l'opera è Sua" è una realtà. Non ne ho mai dubitato. Mi fa male, però, quando la gente mi chiama fondatrice, perché so per certo che è stato Lui a chiedermi: "Farai questo per me?". È stata tutta opera Sua. Io ho dovuto soltanto arrendermi al Suo progetto, alla Sua volontà. Oggi l'opera è cresciuta perché è Lui, e non io, a compierla attraverso di me. Ne sono talmente convinta che darei volentieri la vita per dimostrarlo»[163]. Ancora: «L'opera è Sua non mia, e anche se dovessi morire prima di avere la possibilità di iniziare, saprei nondimeno di aver risposto alla Sua chiamata e di aver fatto i passi necessari verso i Suoi piani, successo o fallimento, il primo sarà Suo, il secondo mio. Sarà tutto per Lui»[164].

---

[159] Un esempio concreto di umiltà. «[...] a Kalighat Madre Teresa amava soprattutto compiere le azioni più umili, come quella di pulire i gabinetti che definiva "la mia specializzazione"», *Il segreto della santità*, p. 77.
[160] *Sii la Mia luce*, p. 73.
[161] *Sii la Mia luce*, p. 32.
[162] *Sii la Mia luce*, p. 9.
[163] *Sii la Mia luce*, p. 19.
[164] *Sii la Mia luce*, p. 138.

Il parere di padre Van Exem, suo assistente spirituale al vescovo di Calcutta Périer è questo: «La spaventa a morte tutto ciò che possa attirare l'attenzione sulla sua persona, e sembra essere profondamente radicata nell'umiltà»[165]. La madre stessa invece, sempre a Périer, all'inizio della Nuova Congregazione, scrive: «Temo che stiamo ottenendo troppa pubblicità. Alcune cose che ho sentito stasera mi hanno fatto rabbrividire di paura. Dio ce ne liberi. Per favore, preghi per me, perché io possa essere niente per il mondo e il mondo niente per me».

C'è l'umiltà di chi cerca l'ultimo posto, ma anche quella di chi è costretto a stare al centro dell'attenzione e, anche se con sofferenza, vive l'esposizione sempre con semplicità interiore. Infatti, col tempo, la Madre dovette fare i conti con la notorietà e in obbedienza ai suoi confessori riuscì a viverla con vera maturità e santità. Il sacerdote padre Van der Peet, un altro dei suoi confessori, asserisce: «Il mistero della grandezza di Dio e della sua nullità era divenuto tema frequente nei discorsi e negli scritti di Madre Teresa. La sua piccolezza, un elemento essenziale del modo in cui lei si rapportava a Dio e agli altri, aveva plasmato la sua preghiera e le sue azioni, in una parola tutta la sua vita. Accettava anche la propria crescente notorietà come qualcosa che veniva da Dio, dato che nella sua modestia lei non avanzava pretese né desiderava mettere alcun ostacolo sulla strada delle Sue azioni»[166].

4. La giusta reazione ai peccati personali e agli stati d'animo

L'umiltà si prova anche nella reazione ai nostri peccati. Questi mostrano infatti, oltre ad essa se c'è o non c'è, anche l'amor proprio, cioè quel falso dispiacere nel vedersi peccatore che, in definitiva, non è altro che vanagloria e superbia. Quanto più si cresce nella santità tanto più aumenta la conoscenza di sé e del proprio cuore e quindi anche dei peccati. La madre così affrontava questa consapevolezza: «Il pensiero della mia indegnità nei confronti di tutti i Suoi doni a me e alle mie figlie diviene più chiaro e profondo. Nelle mie meditazioni e preghiere, che sono attualmente piene di distrazioni, una cosa è molto chiara: la mia debolezza e la Sua grandezza. Ho paura di tutto ciò che deriva dalla mia debolezza, ma mi fido ciecamente della Sua grandezza»[167].

Certo, molti potrebbero chiedersi: "ma ormai che peccati poteva commettere Madre Teresa?".

Non sono stato il suo confessore ma sicuramente niente di mortale, né di grave e secondo me pochissimo, o quasi niente, di veniale perché non credo cedesse deliberatamente alle tentazioni. Le sue, credo, fossero più che altro mancanze interiori e qualcuna esteriore, dovute più che altro alla fragilità della natura umana. Nei santi però il problema non è la gravità oggettiva del peccato, cioè la materia, perché non c'è nelle loro mancanze materia grave, ma la percezione che ne hanno. Si sa che quanto più entra luce nel cuore, tanto più si vedono anche le piccole mancanze, anche quelle minuscole ma, nello stesso tempo, quanto più si fa esperienza dell'amore di Dio, tanto più si soffre, di quel dolore che dai mistici viene chiamato *santa tristezza*. Quindi non la sofferenza del narcisista che soffre perché non si vede perfetto, ma la sofferenza di colui che soffre perché gli dispiace il danno recato al prossimo e il non aver saputo corrispondere sempre in modo totale a Dio.

La questione riguarda quindi non tanto le azioni peccaminose, né le parole, ma tuttalpiù pensieri e qualche omissione, forse. Dobbiamo però convenire sul fatto che Madre Teresa, così come ogni santo, percepiva con forte chiarezza che ogni piccola mancanza è sempre peccato contro la carità e, poiché il piano di Dio è costruire la civiltà dell'amore insieme a noi, anche il pulviscolo può pesare, perché tutto quello che non edifica distrugge. I santi hanno quindi una conoscenza profondissima di quanto, anche con poco, possiamo essere di impedimento alla grazia di Dio. Quale è allora l'atteggiamento giusto nel rendersi conto che anche con poco possiamo essere di impedimento al progetto di Dio? Nient'altro che combattere con forza il peccato e poi fidarsi di Lui che sa trarre il bene anche dal male.

---

[165] *Sii la Mia luce*, p. 93.
[166] *Sii la Mia luce*, p. 276.
[167] *Sii la Mia luce*, p. 147.

Ecco un altro stralcio di lettera della madre: «Il mio amore per Gesù continua a diventare più semplice e, credo, più personale. Come i nostri poveri, cerco di accettare la mia povertà di essere piccola, impotente, incapace di un grande amore, ma desidero amare Gesù con l'amore di Maria, e Suo Padre con l'amore di Gesù. [...] Voglio che Lui si senta a suo agio con me, che non si curi dei miei sentimenti, purché Lui si senta bene. Che non si curi nemmeno dell'oscurità che Lo circonda in me»[168].

Ad un sacerdote così scrive: «Dio non può riempire ciò che è pieno. Può riempire solo il vuoto, la profonda povertà, e il suo "Sì" è l'inizio dell'essere o del diventare vuoto. Non conta davvero quanto dobbiamo – *o siamo in grado di* - dare, ma quanto vuoti siamo, in modo da poterLo ricevere pienamente nella nostra vita, e lasciare che Egli viva la Sua vita in noi. [...] Non importa ciò che *lei* sente, se Lui si sente bene in lei. Distolga gli occhi da sé stesso e gioisca del fatto che non ha niente, che non è niente, che non può fare niente. Doni a Gesù un grande sorriso, ogni volta che la sua nullità la spaventa. [...] Mantenga soltanto la gioia di Gesù come sua forza. Sia felice e in pace. Accetti qualsiasi cosa Egli dia e dia qualsiasi cosa Egli prenda con un grande sorriso. Lei Gli appartiene. Gli dica: "Sono tuo, e se tu mi tagli a pezzi, ciascun pezzo sarà soltanto tutto Tuo"»[169].

Sono parole bellissime che dicono l'importanza della semplicità e della totale fiducia nel rapporto con Dio. Essere semplici significa essere senza pieghe, senza nodi, uno, intero, senza complessi o cose nascoste a noi stessi o a Dio. Essere semplici significa essere trasparenti, non doppi. Dio è il primo ad essere semplice perché la Sua sostanza è solo amore.

I consigli dati al sacerdote spiegano che non bisogna fermarsi mai solo agli stati d'animo e in un certo senso neanche solo alla nostra percezione di noi stessi né di Dio, soprattutto quando si attraversano momenti di desolazione. Più importante della nostra percezione, in questi casi, è quella di Dio: guardarci cioè come ci guarda Lui. E dobbiamo sempre ricordarci le parole della Prima Lettera di San Giovanni in riferimento all'osservanza della carità: «In questo abbiamo conosciuto l'amore, nel fatto che egli ha dato la sua vita per noi; quindi anche noi dobbiamo dare la vita per i fratelli. [...] Figlioli, non amiamo a parole né con la lingua, ma con i fatti e nella verità. In questo conosceremo che siamo dalla verità e davanti a lui rassicureremo il nostro cuore, qualunque cosa esso ci rimproveri. Dio è più grande del nostro cuore e conosce ogni cosa» (3,16-24).

La madre consigliava al sacerdote di chiedersi e verificare se il Signore, in lui, si sentiva bene: se fosse a Suo agio. Questo soltanto poteva anche bastare. Quello che lei propone è un modo di vivere che ormai ha debellato anche ogni forma di narcisismo spirituale, che sa sorridere a Dio, anche quando i peccati spaventano! Stupendi suggerimenti: non aver paura dei peccati né di nessun limite creaturale. Guardarsi e sorridere a Dio. Vivere questo affettuosissimo abbandono in Lui che genera dolcezza anche verso sé stessi. La gioia di Gesù viene dal fatto che in noi si sente a Suo agio.

Nel 1963 Madre Teresa aveva 53 anni e senza dubbio una statura morale e spirituale altissima. Viveva sempre intimamente con Cristo, non risparmiava nulla di sé stessa, da un lungo periodo già viveva nella tenebra mistica, poteva di certo dire come San Paolo «[...] Sono stato crocifisso con Cristo, e non vivo più io, ma Cristo vive in me. E questa vita, che io vivo nel corpo, la vivo nella fede del Figlio di Dio, che mi ha amato e ha consegnato sé stesso per me» (Gal 2,19b-20), eppure parla così di sé: «Devo essere stata davvero molto piena del mio io in tutti questi anni, dal momento che Dio sta impiegando tanto tempo per svuotarmi. Spero che un giorno, quando sarò completamente vuota, Lui verrà»[170]. Altrove: «Quando questo fuoco (l'amore di Dio) entra in contatto con l'imperfezione, produce sofferenza. Deve esserci così tanto nulla in me, e perciò questo fuoco provoca così tanto dolore [...]»[171].

[168] *Sii la Mia luce*, p. 279.
[169] *Sii la Mia luce*, p. 280. Corsivo mio.
[170] *Sii la Mia luce*, p. 246.
[171] *Sii la Mia luce*, p. 261.

Aspirava sempre di più ad essere come Giovanni Battista: diminuire lei per far crescere Lui e mostrare sempre di più la Sua azione e il Suo amore. Con umiltà, magnifica il Signore per quello che da lei sta prendendo: «[...] Lui riversa Se stesso sulla piccola Congregazione, eppure prende ogni goccia di consolazione dalla mia anima. Sono felice che sia così, perché voglio soltanto che nella Congregazione Gesù sia sempre di più e io sempre di meno»[172].

5. «Capisco sempre meno l'umiltà di Dio [...]»

Madre Teresa non coglieva per niente la sua umiltà ma quella di Dio sì, e ne era stupita e affascinata: «[...] Le Sue vie sono così belle. Pensare che Dio Onnipotente si chini tanto in basso per amare te e me, per servirsi di noi e farci sentire che ha davvero bisogno di noi! Più passano gli anni, più mi meraviglio che la Sua umiltà cresca sempre più. Io Lo amo non per ciò che Egli dà ma per ciò che è, il Pane della Vita – l'Affamato»[173]. Altrove, invece, esprime quasi una forma di non conoscenza, tanto stava entrando dentro il mistero dell'umiltà di Dio: «Capisco sempre meno l'umiltà di Dio che Si è fatto uomo per amor nostro [...]»[174].

In un certo senso più Lo conosceva e meno Lo comprendeva, perché l'infinità di Dio e delle Sue qualità sono incomprensibili fino in fondo! Come San Paolo potremmo esclamare: «O profondità della ricchezza, della sapienza e della conoscenza di Dio! Quanto insondabili sono i suoi giudizi e inaccessibili le sue vie! Infatti, chi ha mai conosciuto il pensiero del Signore? O chi mai è stato suo consigliere? O chi gli ha dato qualcosa per primo tanto da riceverne il contraccambio? Poiché da lui, per mezzo di lui e per lui sono tutte le cose. A lui la gloria nei secoli. Amen» (Rm 11, 33-36).

Il detto di San Agostino, per esprimerNe l'ineffabilità, fa al caso nostro : «Se Lo comprendi non è Dio»[175]. Cioè: Dio può essere conosciuto, perché Egli ci ha permesso di conoscerLo tramite la Rivelazione, ma non può essere compreso, cioè esaurito nella conoscenza. *Comprendere* infatti significa *prendere-dentro*, contenere come in un recipiente, racchiudere, incorporare interamente, afferrare. Dio non può essere capito totalmente, ed è questa la cosa più bella, perché se di Lui capiremmo tutto, cosa ci direbbe poi, in più, di Sé stesso durante tutta l'eternità? *Dio invece avrà sempre qualcosa da dirci di Sé ... Questo ci permetterà di conoscerLo sempre di più e di conseguenza di amarLo sempre di più e quanto più Lo conosceremo tanto più Lo ameremo e quanto più Lo ameremo tanto più ancora Lo conosceremo e questo dinamismo di conoscenza e amore sarà infinito, sarà per sempre.*

Torniamo però, prima di concludere questo paragrafo a qualche altro stralcio che manifesta l'umiltà della santa. Ad un certo momento della sua vita, nelle lettere ai suoi confessori, non si soffermava più neanche per un po' a parlare di sé, né dei peccati, né delle tenebre. Come se si fosse ormai dimenticata di sé stessa: «Ormai completamente vuota di sé, Madre Teresa, nella sua corrispondenza, spostava l'attenzione quasi inconsciamente da sé stessa a Gesù, alla Sua opera fra i poveri o alla sua comunità»[176]. Era sicura che Dio agiva tramite lei. Desiderava fare la Sua volontà. Era consapevole che l'onnipotenza di Dio è in grado di agire non malgrado i nostri difetti ma anche grazie ai nostri difetti. Aveva vinto ogni forma di narcisismo, cioè di auto contemplazione. Questa, infatti, non accade solo quando ci si ammira per i pregi, ma anche quando ci si guarda troppo per i difetti, piangendo su sé stessi. L'aspetto specifico del narcisismo è osservarsi, incantarsi su sé stessi,

---

[172] *Sii la Mia luce*, p. 258.
[173] *Sii la Mia luce*, p. 278.
[174] *Sii la Mia luce*, p. 292.
[175] Ecco il passo dove S. Agostino spiega l'impossibilità di racchiudere Dio dentro una definizione che ha la pretesa di esaurirne la conoscenza: «Cosa potremo dunque dire di Dio? Poiché se tu dichiari di poterne dare una definizione, quella non sarebbe la definizione di Dio. Se tu dichiari di aver compreso cosa Dio sia, ciò significa che tu hai compreso qualcosa di diverso e che non è Dio. Se tu dichiari di averlo compreso con il pensiero, ciò significa che con tale pensiero hai voluto ingannarti. Ciò, quindi, non è Dio, se dichiari di averlo compreso. E se lo è, allora non puoi averlo davvero compreso. Perché dunque vuoi parlare di ciò che non hai potuto comprendere?», *Sermone 52 Sulla Trinità.*
[176] *Sii la Mia luce*, p. 278.

nell'incapacità di guardare oltre. Fissarsi sia per ammirarsi nei pregi e sia per disprezzarsi nei difetti. Entrambi sono forme di immaturità, di narcisismo appunto.

Madre Teresa invece ormai contemplava solo Dio e a ciò che Lui poteva fare. Essendosi dimenticata di sé, poteva non guardarsi più ed essere assorta in Gesù. Così alle sorelle: «È solo quando comprendiamo la nostra nullità, il nostro vuoto, che Dio può colmarci di Sé»[177]. E lei, era talmente colma di Lui, che tutti vi andavano per incontrarLo e nonostante fosse punto di riferimento per miglia di persone, si sentiva sempre bisognosa di confrontarsi con i suoi confessori. Lo afferma Brian Kolodiejchuk: «All'età di 85 anni Madre Teresa era ancora ben lieta di ricevere consigli dalla guida spirituale con umiltà e semplicità»[178].

Nel 1985 al Cardinale Picachy, poiché non voleva essere rieletta[179] come superiora generale scrisse queste umilissime ma, nello stesso tempo, tenere parole, a tratti struggenti per la consapevolezza della sua piccolezza: «Io ho fatto molto con la grazia di Dio perché ho lasciato mano libera a Gesù, sapendo di non poter fare nulla da sola. La convinzione della mia nullità ha reso l'opera e l'intera congregazione completamente Sue. Egli farà cose ancora più grandi se troverà qualcuna che sia un "niente" ancora più "niente" di me (non credo che ce ne sia una). Sarò felice, molto felice, di venire esonerata e di essere soltanto una semplice sorella nella comunità dopo quasi trentacinque anni. Non ne vedo l'ora»[180]. Si è definita «niente» addirittura asserendo che sarebbe stato difficile trovarne una ancora «più niente di lei». E queste non sono le parole di chi si mette all'ultimo posto per farsi notare o affinché gli altri possano elogiarne l'umiltà, né le parole di chi pensa che di più umili non c'è ne siano. Sono le parole invece di chi è santamente convinta della propria piccolezza e della grandezza di Dio.

Per noi. Anche se siamo lontani dalla santità della Madre, anche noi siamo graditi a Dio e anche con noi Egli può usare il nostro niente. Dio ci usa, così come siamo, santificandoci piano piano, se vede che, per lo meno nel cuore, desideriamo renderci utili per il Suo progetto e, soprattutto, siamo disposti a svuotarci e a lasciarci svuotare. Dio, prima di tutto tramite la nostra umiltà, quindi non tramite i nostri pregi, può fare cose sovrannaturali. Come ha fatto tramite l'umiltà di Madre Teresa: «So che ci sono delle cose che avrebbero potuto essere migliori, ma in tutta sincerità ho cercato di non rifiutare niente a Dio, per rispondere a ogni Sua chiamata»[181]. Certo, tutto può andare meglio, peggio o semplicemente diversamente da come va o è andato. Tutto quello che però facciamo, anche se non sarà perfetto oggettivamente, può esserlo già sin da subito nell'intenzione, quindi nel suo principio. Ciò che Madre Teresa, con l'aiuto di Dio ha fatto, in un certo senso era già perfetto sin dal principio, perché perfetto era nel desiderio, nel movente iniziale, nell'intenzione. Questa intenzione, questo principio, era l'amore che voleva dare a Gesù. E, almeno nell'intenzione, era totale!

[177] *Sii la Mia luce*, p. 279.
[178] *Sii la Mia luce*, p. 330.
[179] Venne però rieletta e con umiltà e obbedienza dovette accettare.
[180] *Sii la Mia luce*, p. 330.
[181] *Sii la Mia luce*, p. 158.

VII. Luce, tenebre[182]

In questi ultimi anni, da quando dopo la morte della madre furono pubblicate le sue lettere private, si è tanto parlato della desolazione che ella visse per circa cinquant'anni. I profani delle cose dello Spirito subito si mossero a dire che Madre Teresa aveva attraversato un periodo di ateismo, oppure che aveva perso la fede, o che aveva simulato per tutta la vita, tanto che qualcuno l'ha pure tacciata di ipocrisia.

Nella storia della Chiesa questa esperienza è invece qualcosa di consolidato e conosciuto perché è l'esperienza che hanno vissuto diversi santi, alcuni in modo particolarmente intenso. Grazie a loro ci sono rimasti scritti, trattati, lettere, ecc., per cui possiamo riconoscere che Madre Teresa non aveva perso né la fede, né visse un periodo di ateismo, né la sua è stata finzione.

1. Un momento iniziale di smarrimento

Mi sembra doveroso iniziare con queste parole di Brian Kolodiejchuk: «Sulle prime, l'esperienza dell'oscurità interiore la colse alla sprovvista. Avendo vissuto in una profonda comunione con Dio, il cambiamento fu non solo sorprendente, ma addirittura straziante: incapace di avvertire la Sua presenza come un tempo, si ritrovò confusa e impaurita. Aveva forse intrapreso "la strada sbagliata?". Cercando le possibili ragioni dell'apparente assenza di Dio, quando invece aveva avvertito la Sua presenza in modo così reale, inizialmente la attribuì ai propri peccati e alla propria debolezza, concludendo che l'oscurità era per lei una purificazione dalla sue imperfezioni»[183].

C'è un testo del periodo a ridosso della nascita della nuova Congregazione in cui esprime con molta sincerità sgomenta la sua paura. La cosa importante però non è il fatto che ci descriva che Madre Teresa avesse paura, ma la lettura che ne fa di essa. Quello che dice è espressione di molta luce interiore: «Gesù mio, ho tanta paura, ho una paura terribile, fa' che non sia tratta in inganno. Ho così tanta paura. Questo timore mi mostra quanto io ami me stessa. Ho paura della sofferenza che deriverà dal condurre una vita indiana: vestire come loro, mangiare come loro, dormire come loro, vivere con loro e non avere più nulla a modo mio. Quanto le comodità si sono impossessate del mio cuore [...]»[184].

«Questo timore mi mostra quanto io ami me stessa», sono queste le parole che ci interessano! La paura è anche espressione d'amor proprio egoistico, narcisista. In effetti sorge dal timore di perdere qualcosa. Chi non ha nulla da difendere perché s'è consegnato totalmente a Cristo vive nella serenità. Non c'è forma di adattamento e libertà più grande, proprio perché non bisogna difendere nulla. Quante più cose abbiamo da difendere, tanto meno siamo liberi. La povertà interiore è libertà. Quella interiore e quella esteriore insieme divengono massima libertà e le scomodità accettate ci fanno più liberi.

Non è che Madre Teresa fosse narcisista! Aveva già moltissima luce interiore ed è per questo che riusciva a scorgere i moti più intimi e soprattutto a capirne la causa esatta. Non tutti, infatti, di fronte alle paure, sanno dare questa interpretazione di fede. Generalmente la paura viene interpretata soltanto come possibilità di pericolo. Per lei invece era espressione che ancora stava difendendo qualche piccola cosa di sé stessa o che magari potesse fare qualche piccola offesa a Gesù e al prossimo. E Gesù, quasi ironicamente, ma soprattutto per liberarla definitivamente da sé stessa e dalle paure legate ai suoi limiti e peccati, le rispose: «So che tu sei la persona più incapace, debole e peccatrice, ma proprio perché sei così voglio servirMi di te per la Mia gloria! Rifiuterai?»[185].

---

[182] Cfr. i testi delle pp. 192-209, di *Sii la Mia luce*. Sia gli scritti di Madre Teresa sia i commenti di Brian Kolodiejchuk. Secondo me sono le pagine più intense e belle di tutto il libro.
[183] *Sii la Mia luce*, p. 15.
[184] *Sii la Mia luce*, p. 107.
[185] *Sii la Mia luce*, p. 59.

2. *Prova d'autenticità della chiamata*

Non sempre l'oscurità è espressione di strada sbagliata. Nei santi è ricorrente. Ma di solito, nonostante il buio, rimane sempre acceso il desiderio di Dio e la fedeltà ai doveri religiosi e lavorativi almeno che, uno, non si trovi in una condizione impossibilitata a causa di qualche malattia e quindi non può realizzarli. Ma questa è un'altra cosa.

Nella notte dello spirito di solito non si verificano sentimenti quali rifiuto dei propri doveri, nausea della preghiera, ecc. Generalmente queste manifestazioni possono esserci all'inizio della vita spirituale e comunque in altri stati. È opportuno fare un buon discernimento per capire se la cosiddetta *Notte oscura* (qui mi riferisco in generale a tutto il processo che parte dalla *notte dei sensi* e ai diversi stadi di cui questa è composta), viene da Dio oppure se è frutto di malattie psichiche, mediocrità spirituale, peccati, indolenza, trascuratezza e quant'altro. Nella madre non era nulla di tutto ciò.

Anzi in lei era la prova dell'autenticità di una missione molto particolare e molto specifica: poiché doveva stare con quelli che non avevano nessuno, gente misera che viveva sempre il calvario, Dio le donava di vivere anche la Sua passione, per saper comprendere ed aiutare questi miserabili, nel loro dolore personale e nella loro agonia. E, per poter essere in grado di compatirli con vero amore, era necessario che lei vivesse il supplizio interiore. Anche Gesù, ci dice la *Lettera agli Ebrei*, ha vissuto questa esperienza: «Infatti non abbiamo un sommo sacerdote che non sappia compatire le nostre infermità, essendo stato lui stesso provato in ogni cosa, a somiglianza di noi, escluso il peccato. Accostiamoci dunque con piena fiducia al trono della grazia, per ricevere misericordia e trovare grazia ed essere aiutati al momento opportuno» (Eb 4,15-16). Chi viene chiamato alla guida degli altri, quanto più sarà provato, tanto più avrà discernimento, compassione, sensibilità, carità, fede, speranza.

Se è vero che si conosce veramente solo ciò che si vive e si ama, lei ha dovuto vivere questo tormento per conoscerlo fino in fondo, per poter conoscere tramite esso la passione di Cristo e in Lui avere l'empatia giusta per portare la Sua luce nella vita dei più poveri tra i poveri. Inoltre ha anche amato le tenebre, perché sapeva che fossero volontà di Dio. Così incoraggia e sprona le sue sorelle: «Se siamo vere discepole di Gesù, dobbiamo provare anche la solitudine di Cristo. Lui ha sudato sangue. È stato così difficile per Lui attraversare l'umiliazione della Sua passione»[186]. Non c'era infatti, secondo lei, modo migliore per entrare nel mistero della passione di Cristo. Lo scrive chi l'ha ben conosciuta: «L'oscurità interiore era il modo privilegiato che Madre Teresa aveva di penetrare nel mistero della Croce di Dio»[187].

Con questa prova Madre Teresa ha conosciuto: Dio, le tenebre, la luce vera, la vera realtà dei poveri. La sua fede incrollabile l'ha sostenuta in questa esperienza e le ha fatto esperire che Dio non abbandona mai: «Per favore, preghi per me, perché dentro di me tutto è freddo come il ghiaccio. È solo quella fede cieca che mi fa andare avanti, perché in realtà per me tutto è tenebra. Finché Nostro Signore ha tutto il piacere, io, veramente, non conto»[188].

3. *Nelle tenebre per portare luce*

Tutta questa saggezza la mise a disposizione delle persone che il Signore le aveva affidato. Chi sarebbe in grado di dire le seguenti parole se non le ha già vissute sulla sua pelle? Ecco che santità di consiglio dà alle superiore della Congregazione: «Voi siete lì per le vostre sorelle, non sono le sorelle ad essere lì per voi. Dovete essere pronte a qualsiasi sacrificio, anche ad essere consumate dalle vostre sorelle. A volte potrete provare un'enorme solitudine, ma questo è uno dei sacrifici che

[186] *Sii la Mia luce*, p. 295.
[187] *Sii la Mia luce*, p. 164.
[188] *Sii la Mia luce*, p. 170.

potete fare per le vostre sorelle. Accade spesso a coloro che trascorrono il proprio tempo a dare luce agli altri di rimanere loro stessi nel buoi»[189].

La sua esperienza la rendeva autentica testimone agli occhi dei poveri, che riuscivano ad accostarsi a lei con fiducia. La risposta generosissima alle loro esigenze le ha permesso di vivere il martirio quotidiano dell'amore oblativo. Rivolgendosi a padre Neuner scrive: «Preghi per me, perché la vita dentro di me è più difficile da vivere. Essere innamorata eppure non amare, vivere di fede eppure non credere. Consumare me stessa eppure essere nell'oscurità totale. Preghi per me»[190]; ed a Périer: «La mia anima rimane in una profonda oscurità e nella desolazione. Non mi lamento. Che Egli faccia di me qualsiasi cosa Lui voglia»[191]. Brian Kolodiejchuk ne dà questa interpretazione: «Con questo nuovo abbandono sacrificava volontariamente la consolazione di una fervida unione con Dio di fronte alla sfida di vivere solo di pura fede. Questa esperienza la rese ancora più comprensiva e compassionevole nei confronti degli altri, consentendole di offrire incoraggiamento e consigli pratici»[192].

Dopo l'iniziale momento di confusione le cose cambiarono e imparò sempre più a rendersi conto del perché di quelle tenebre, con una consapevolezza impressionante per l'abbandono totale in Dio e la disponibilità a restare nelle tenebre per tutto il tempo che Egli lo avrebbe ritenuto necessario: «Sarò continuamente assente dal paradiso per accendere la luce a coloro che, sulla terra, vivono nell'oscurità»[193]; e ancora: «Quanto è freddo, vuoto e colmo di dolore il mio cuore. La Santa Comunione, la Santa Messa, tutte le realtà sacre della vita spirituale, della vita di Cristo in me, sono tutte così vuote così fredde, così indesiderate. La situazione fisica dei miei poveri abbandonati per le strade, non voluti, non amati, respinti, è il vero specchio della mia vita spirituale, del mio amore per Gesù. Nonostante ciò, questo dolore terribile non mi ha mai fatto desiderare che sia diverso. Anzi, voglio che sia così per tutto il tempo che Lui vorrà»[194].

4. Ogni missione specifica ha il suo prezzo specifico

La missione che Dio aveva chiesto a Madre Teresa era di essere, la Sua luce, però lei visse in una terribile oscurità. Come è possibile? Non è contraddittorio tutto ciò? No! Ogni missione specifica ha un prezzo specifico: «Se mai diventerò una santa, sarò di sicuro una santa dell'oscurità. Sarò continuamente assente dal Paradiso per accendere la luce a coloro che, sulla terra, vivono nell'oscurità»[195]. Questa è la spiegazione che scioglie l'eventuale contraddizione del perché: era la sua missione, il prezzo da pagare, ciò che l'avrebbe resa una vera testimone della luce, ciò che l'avrebbe aiutata a restare sempre discepola per stare accanto ai poveri con umiltà. Padre Neuner, uno dei suoi confessori, l'aiutò a capire che le tenebre erano il lato spirituale dell'opera. Questa infatti doveva essere realizzata sia dal punto di vista materiale aiutando i poveri con i cibi, nelle malattie, ecc., sia da un punto di vista spirituale: vivere la stessa esperienza che vivevano loro.

C'è un testo molto importante in cui la Madre parlando alle suore, associa, addirittura, tutta la desolazione dei poveri che avrebbero preso su di loro, a quella di Cristo. Gesù ci ha redento perché è stato un tutt'uno con noi, per cui ogni qual volta si partecipa fino in fondo alla miseria spirituale dei poveri, essi possono essere redenti. Leggiamolo proprio dalle sue parole: «Gesù ci ha redenti perché è stato un tutt'uno con noi. È possibile fare altrettanto. Tutta la desolazione dei poveri, non solo la loro povertà materiale, ma la loro miseria spirituale dev'essere redenta, e noi dobbiamo avere parte in questo. [...] Sì, mie care figlie, condividiamo la sofferenza dei nostri poveri perché essendo una sola cosa con loro possiamo redimerli [...] Perché senza questa assunzione la nostra

---

[189] *Sii la Mia luce*, p. 254.
[190] *Sii la Mia luce*, p. 253.
[191] *Sii la Mia luce*, p. 162.
[192] *Sii la Mia luce*, p. 162.
[193] *Sii la Mia luce*, p. 13.
[194] *Sii la Mia luce*, p. 239.
[195] *Sii la Mia luce*, p. 13.

opera sarebbe un'opera sociale. [...] Se amiamo veramente le anime, dobbiamo esserne pronte a prenderne il posto, a prenderne su di noi i peccati e ad affrontarne la collera di Dio. È solo così che noi diventiamo il loro strumento ed esse il nostro fine»[196]. L'identificazione dei poveri con Cristo è totale. Ad una domanda in cui gli venne chiesto chi per lei fosse Cristo, rispose: «Gesù è ogni essere umano che non è voluto da accettare. Gesù è il lebbroso cui lavare le ferite. Gesù è il mendicante cui donare il sorriso. Gesù è l'alcolizzato che va ascoltato [...]»[197].

Il lungo periodo di tenebre fu intervallato, nell'ottobre del 1958, da pochissimi giorni di consolazione e luce. Nel giorno della Messa del funerale di Pio XII chiese a Dio una prova se l'Opera fosse di Suo gradimento e se fosse compiaciuto di come le cose stessero andando. Proprio da quel giorno ebbe delle profonde consolazioni. Sentiva la sua anima colma di amore per Gesù, di gioia e, soprattutto, sentiva il Suo di amore: «In dieci anni, a parte la tregua di un mese, l'oscurità non aveva allentato la presa sulla sua anima», scrive Brian Kolodiejchuk[198]. Un altro periodo di consolazione, ma prima di questo, fu a partire dal 10 settembre 1946, il giorno cioè della «chiamata nella chiamata». Tale periodo proseguì più o meno per tuto il tempo del discernimento sulla Congregazione. Leggiamo di seguito alcuni stralci che fanno apparire, dalle parole stesse della madre, quanto abbiamo appena sostenuto.

Dopo le prime settimane di servizio nei buchi, in mezzo a tutte le difficoltà scrisse nel suo diario «[...] Se anche dovessi soffrire più di adesso, voglio comunque fare la Tua Santa Volontà. Questa è la notte oscura della nascita della congregazione. Mio Dio, dammi il coraggio adesso, in questo momento, di perseverare nel seguire la Tua chiamata»[199].

Nel 1953 all'arcivescovo di Calcutta Périer: «Eccellenza, [...] Per favore preghi specialmente per me, affinché io non rovini la Sua opera e Nostro Signore possa mostrarsi, perché vi è una tale terribile oscurità dentro di me, come se tutto fosse morto. È stato così più o meno dal momento in cui ho iniziato l'opera. Chieda a Nostro Signore di darmi coraggio»[200]. Sempre a Périer nel 1956: «Per favore, preghi per me, affinché Dio si compiaccia di sollevare questa oscurità della mia anima solo per qualche giorno. Perché a volte l'agonia della desolazione è così grande e allo stesso tempo il desiderio dell'Assente così profondo che l'unica preghiera che riesco ancora a dire è: Sacro Cuore di Dio, confido in Te. Sazierò la Tua sete di anime»[201].

Notare che nel testo appena considerato, Madre Teresa chiama Dio "l'Assente". La sua desolazione è un dolore profondo che non trova conforto. Infatti *desolare* significa: *lasciare solo, abbandonare*. Viene da *solus*: *unico*, *solitario*. Ella sta soffrendo quindi l'agonia della desolazione, cioè: la lotta contro il sentimento della solitudine da Dio, il dolore dell'assenza di Dio.

In una lettera del 1961, circa, a padre Neuner: «Padre, sin dal 1949 o dal 1950 [avverto] questo terribile senso di perdita, questa indicibile oscurità, questa solitudine, questo continuo ardente desiderio di Dio che mi dà quella sofferenza nel più profondo recesso del mio cuore. L'oscurità è tale che veramente non riesco a vedere, né con la mente, né con la ragione. Il posto di Dio nella mia anima è vuoto: non c'è Dio in me. Quando il dolore [causato] dallo struggente desiderio è così intenso, soltanto anelo e anelo a Dio, e poi è questo che io sento: Lui non mi vuole, Lui non è qui. Dio non mi vuole. A volte sento il mio cuore gridare "mio Dio", e non riesco nemmeno a esprimere lo strazio e la sofferenza»[202].

Il gesuita Pietro Schiavone nel suo eccellente lavoro sul *Discernimento*, avendo analizzato per bene i diversi periodi e approfonditamente tutta l'esperienza della madre, scrive: «*Possiamo avanzare* un'ipotesi: le notti sofferte prima della fondazione erano di purificazione e preparazione;

---

[196] In: P. Schiavone, *Il Discernimento. Teoria e prassi*, Paoline, Milano 2011², p. 272.
[197] *Il Discernimento. Teoria e prassi*, p. 272.
[198] *Sii la Mia luce*, p. 188.
[199] *Sii la Mia luce*, p. 141.
[200] *Sii la Mia luce*, p. 157.
[201] *Sii la Mia luce*, p. 173.
[202] *Sii la Mia luce*, p. 13.

quelle sofferte dopo erano di realizzazione del suo ideale: con Cristo Signore, che non solo soffre e muore per redimere tutti, ma che anche rivive la sua passione nei poveri»[203]. Ce lo conferma Brian Kolodiejchuk: «Da quando l'oscurità si era stabilita nella sua anima, impedendo la percezione della presenza di Dio dentro di lei, Madre Teresa Lo riconosceva, nondimeno sotto il volto sfigurato dei poveri: "quando cammino attraverso i bassifondi o entro nei buchi oscuri, lì Nostro Signore è sempre davvero presente". I buchi oscuri erano diventati il luogo privilegiato per l'incontro con Lui»[204].

5. *«Preghi per me affinché in questa oscurità io non accenda la mia luce»*

Per tornare a Madre Teresa potremmo ripartire da questi ultimi aspetti: l'anima è decisamente risoluta a sopportare qualsiasi cosa per amore a Dio e non ha più paura di nulla. Tale era la volontà e quindi ogni desiderio della madre: seguitare a lasciare mano libera a Dio e nonostante il dolore continuare imperterrita nella sua missione di consumarsi tutta per i poveri. Sì, continuare senza fermarsi, grazie non solo alla sua volontà di ferro ma alla stessa grazia di Dio che l'assisteva interiormente ed esteriormente con tanti regali della Provvidenza: «Invece di soffocare il suo impulso missionario, l'oscurità sembrava rinvigorirlo. Madre Teresa capiva l'angoscia dell'anima umana che sperimenta l'assenza di Dio e bramava accendere la luce dell'amore di Cristo negli angoli più bui di ogni cuore sprofondato nell'indigenza, nella solitudine o nell'emarginazione. Riconobbe che, qualunque fosse il proprio stato interiore, la tenera premura di Dio era sempre presente e si manifestava attraverso i piccoli favori che altri facevano o gli inattesi benefici che accompagnavano le sue iniziative»[205].

Povertà, spoliazione totale interiore ed esteriore, desiderio di Dio, oscurità interiore, sopportazione, fermo proposito di non commettere nessun peccato, addirittura profonda gioia nel sentirsi simile a Cristo in croce e povera come Lui appeso, santo timore di non ripiegarsi su sé stessa a fissare i suoi tormenti, questo ed altro emerge da questi ultimi testi qui di seguito.

A padre Neuner scrive: «[...] Quanto a me, ho solo la gioia di non avere nulla, neanche la realtà della presenza di Dio. Nessuna preghiera, nessun amore, nessuna fede. Nient'altro che il dolore continuo del desiderio struggente di Dio»[206]. Brian Kolodiejchuk scrive: «A questo punto della sua vita, Madre Teresa traeva gioia spirituale persino dal proprio tormento interiore: la sua era "la gioia di non avere nulla", della "povertà assoluta", della "povertà della Croce" alla quale aspirava sin dall'inizio»[207]. A padre Neuner scrive: «Preghi per me affinché in questa oscurità io non accenda la mia luce, né riempia questo vuoto con me stessa. Voglio, con tutta la mia volontà, solo Gesù»[208]. Brian Kolodiejchuk scrive «Non temeva il vuoto in quanto tale, ma temeva che il vuoto la portasse a ripiegarsi su se stessa, inducendola a colmarlo con qualcosa che non fosse Dio»[209].

In conclusione bisogna che sia chiara una cosa: ciò che Madre Teresa viveva non era una semplice tentazione di accidia\tristezza come malattia spirituale dell'anima o una depressione ma la vera notte oscura dell'anima, affinché fino in fondo e fino alla fine potesse sentirsi identica interiormente allo strazio dei poveri, degli ultimi, dei rifiutati. Leggiamo cosa ha da insegnarci Anselm Grün a riguardo: «La mistica parla di notte oscura dell'anima e dello spirito. La notte oscura non coincide con la depressione. Se noi però accettiamo la nostra depressione, questa può trasformarsi in notte oscura che purifica i nostri sensi e il nostro spirito da tutte le proiezioni che facciamo su Dio»[210].

---

203 *Il Discernimento. Teoria e prassi*, p. 273.
204 *Sii la Mia luce*, p. 176.
205 *Sii la Mia luce*, p. 193.
206 *Sii la Mia luce*, p. 234.
207 *Sii la Mia luce*, p. 234.
208 *Sii la Mia luce*, p. 262.
209 *Sii la Mia luce*, p. 264.
210 A. GRÜN, *Percorsi nella depressione*, Queriniana, Brescia 2010², p. 28.

I. La morte come presenza e incontro

Ciò che per l'uomo rappresenta «La porta dello spavento supremo» lei lo ha reso quantomeno soave e ha trasformato il momento dell'agonia, terribile momento in cui ogni anima rischia di disperarsi, in un momento di rassegnazione serena, in modo che ogni moribondo potesse abbandonarsi dolcemente tra le braccia di Dio. La morte, che arriva senza guardare in faccia nessuno, che miete senza riflettere, che spaventa, Madre Teresa ha fatto sì che chiunque la vivesse con accanto lei o le sue suore, diventasse un vero e proprio momento di incontro con l'affetto e il calore umano e alla fine con il buon Dio.

In quest'epoca spesso dimentichiamo quanto sia importante stare accanto ai nostri cari quando stanno vivendo l'agonia, quanto sia importante anche stare solo lì, accanto e in silenzio, tenere la mano o fare di tanto in tanto delle carezze, sussurrare dolci parole di amore e conforto all'orecchio, recitare delle preghiere. Lo dimentichiamo sì, e spesso molti vivono tale momento soli, abbandonati e dimenticati. E, se ciò sovente accade anche a chi ha una famiglia, figuriamoci com'era la situazione nei tuguri o nelle strade che calpestava Madre Teresa, dove tantissima gente gemeva in agonia e da sola, consumata dai vermi e morsa persino dai topi.

Ecco quanto lei stessa racconterà riguardo ad uno dei suoi primi incontri con i poveri abbandonati: «Un giorno, mentre ero nei quartieri poveri di Calcutta e stavo per ritornare nella mia stanza, ho visto una donna che giaceva sul marciapiede. Era debole, sottile e magrissima, si vedeva che era molto malata e l'odore del suo corpo era così forte che stavo per vomitare, anche se le stavo solo passando vicino. Sono andata avanti e ho visto dei grossi topi che mordevano il suo corpo senza speranza, e mi sono detta: questa è la cosa peggiore che hai visto in tutta la tua vita. Tutto quello che volevo in quel momento, era di andarmene via il più presto possibile e dimenticare quello che avevo visto e non ricordarlo mai più. E ho cominciato a correre, come se correre potesse aiutare quel desiderio di fuggire che mi riempiva con tanta forza. Ma prima che avessi raggiunto l'angolo successivo della strada, una luce interiore mi ha fermata. E sono rimasta lì, sul marciapiede del quartiere povero di Calcutta, che ora conosco così bene, e ho visto che quella non era l'unica donna che vi giaceva, e che veniva mangiata dai topi. Ho visto anche che era Cristo stesso a soffrire su quel marciapiede. Mi sono voltata e sono tornata indietro da quella donna, ho cacciato via i topi, l'ho sollevata e portata al più vicino ospedale. Ma non volevano prenderla e ci hanno detto di andarcene via. Abbiamo cercato un altro ospedale, con lo stesso risultato, e con un altro ancora, finché non abbiamo trovato una camera privata per lei, e io stessa l'ho curata. Da quel giorno la mia vita è cambiata. Da quel giorno il mio progetto è stato chiaro: avrei dovuto vivere per e con il più povero dei poveri su questa terra, dovunque lo avessi trovato». Torniamo alla nostra riflessione sulla morte.

II. La morte come dono o, meglio, come restituzione grata del dono

Se al principio della vita di ogni uomo c'è un atto di gratuità e quindi un dono, anche alla fine, possiamo dire, c'è un dono. E, mentre il principio non lo viviamo coscientemente perché ancora non siamo nell'età della ragione, la fine invece la *subiamo* più o meno coscientemente, se non siamo totalmente privi di sensi, perché ci troviamo di fronte a qualcosa di ignoto che ci spaventa. Ma in un certo senso la morte è un restituire il dono che ci è stato fatto all'inizio della vita, riconsegnarlo al Creatore per riceverlo trasfigurato e per riceverlo di nuovo e per sempre: «Ciò che finalmente acquieta la paura della morte non è la speranza, né il desiderio, ma il ricordo e la gratitudine», scrisse la filosofa Hannah Arendt. Ricordo di cosa? Gratitudine per cosa?

Non può essere così anche per l'incontro con Madre Teresa? Non è stata la sua vita un messaggio concreto con la quale Dio ci ha detto e ci dice: "Io ti amo!"? Per me lo è stato, lo è e ringrazio Dio perché lo sarà!

1. La vita è relazione, quindi comunione, quindi comunicazione

La vita è fondamentalmente relazione per costruire la comunione. Questa si basa sulla comunicazione. Non tutti comunichiamo la stessa cosa, ma tutti possiamo comunicare amore. Tutti possono, in modalità diverse, comunicare amore. Madre Teresa era grata a Dio per ciò che le comunicavano i poveri. Se tutti possono comunicare amore, allora perché mettere da parte i poveri, gli ultimi, i disabili? Purtroppo l'idolatria del denaro fa in modo che chi non è efficiente venga messo da parte. Questa è una *bestemmia* contro Dio! Perché Egli è soprattutto presente in chi vive forme di povertà, malattie, disabilità. Abbiamo intitolato, proprio per questo, un paragrafo: *Si è presa le anime che non attraggono…*

Ci facciano riflettere e ci pungano le seguenti parole del grande filosofo cattolico Robert Spaemann: «In realtà essi (i malati mentali, *i poveri*, *i rifiutati*, ecc.) danno più di quanto ricevano. Ciò che essi ricevono sono aiuti sul piano vitale. Tuttavia, il fatto che la parte sana dell'umanità dia questi aiuti, assume un significato fondamentale proprio per essa. È questo infatti che fa emergere il significato più profondo di una comunità di persone. L'amore per un uomo o il suo riconoscimento va rivolto a lui, come abbiamo visto, e non alle sue qualità. [...]»[211]. Su queste valutazioni si poggia il futuro dell'uomo. Perché, allora, ci chiediamo, l'eutanasia, l'aborto, ecc.? Questa non è libertà, né dignità. È solo egoismo e dominio sui più fragili. La vita ha una sua bontà intrinseca, a prescindere dall'efficienza: «Spesso non sono i più-disabili a trovare tanto intollerabile la loro esistenza. Piuttosto, la loro esistenza turba i meno-disabili, ai quali l'esistenza dei più-disabili rammenta la loro precarietà. [...] Occorre ricordare e *reinsegnare* la bontà della vita. Dio è amante della vita. Egli non odia nulla di quanto ha fatto. Sono particolarmente i disabili, gli sfigurati, i sofferenti che ci parlano del valore incondizionato della vita umana, che è preziosa già solo per il fatto di essere, indipendentemente da ogni altra cosa. [...] Come osserva il filosofo Robert Spaemann, molto spesso una persona del genere *dà* molto più di quanto riceva. Ciò che *dà* è il *far venire fuori il meglio dagli altri*, per cui il modo in cui una società tratta coloro che sono più dipendenti è un banco di prova di umanità»[212].

---

[211] R. SPAEMANN, *Sulla differenza tra "qualcosa" e "qualcuno"*, Laterza, Roma-Bari 2005, p. 238.
[212] *Contingenza creaturale e gratitudine*, pp. 43-45.

III. Il mistero del vivere e del morire

1. Ri-donare a Dio la vita

L'io si ricostituisce autenticamente solo con la morte, per cui questa è un atto di altissima responsabilità, sia per chi *la vive* sia per chi *assiste chi la vive*. Mentre l'inizio della vita non può essere vissuto con coscienza, la morte la si può. Se non è possibile '*vivere*'-*il-nascere* (secondo la sfumatura che abbiamo appena dato a questo termine) è possibile *'vivere'-il-morire*. Che mistero la vita! Che mistero la persona umana! Che mistero Dio! È appunto il mistero che trama e cuce la storia: «C'è un mistero, c'è un contenuto nascosto nella storia (...) Il mistero è quello delle opere di Dio, che costituiscono nel tempo la realtà autentica, nascosta dietro le apparenze», così il cardinale Jean Danièlou.

Madre Teresa, al di là di ogni realtà pratica che viveva e di ogni persona che sosteneva, amava in ordine a questo mistero. Un mistero, quello dell'azione di Dio, anzi di Dio stesso, che le ha illuminato e nello stesso tempo oscurato il mistero stesso del dolore. Chi l'avrebbe potuta sostenere se dietro a tutto il male e il dolore che ha incontrato non ci fosse stato un ancoraggio fissato oltre ogni realtà umana ed ogni problema? Nella luce del mistero trovava appoggio per riposarsi, ma la parte oscura di esso la spingeva ad andare avanti senza requie. Mai la madre si è sentita arrivata, mai ha detto "abbiamo fatto abbastanza".

Una bellissima meditazione sulla differenza tra problema e mistero ci viene fornita dal filosofo Gabriel Marcel: «Il problema è qualcosa che incontro, che trovo davanti a me, ma che posso delimitare e trasformare, mentre un mistero è qualcosa in cui sono impegnato e che quindi è pensabile soltanto come una sfera in cui la distinzione tra l'*in me* e il *davanti a me* perde il suo significato iniziale. Il problema si risolve per mezzo dell'analisi e della tecnica, mentre il mistero si accresce quanto più penetro in esso»[213].

Questa citazione ci serva ad intendere che i problemi che Madre Teresa affrontava ogni giorno, non li percepiva semplicemente nel loro aspetto *tecnico-problematico* e dunque come qualcosa da risolvere soltanto. Certo, da risolvere, per guarire e consolare gli ultimi, ma nello stesso tempo li lasciava collocati dentro una cornice più grande che era quella del mistero della permissione divina del male, della responsabilità umana e in ultimo, come compimento, dell'incontro con Dio, passando per queste tenebrose strade, certa che Dio è in grado di trarre anche dal male un bene più grande. Non era una *tecnocrate* la madre, ma una donna riempita e trasfigurata dal mistero della carità divina.

Non più allora, la morte, come *fine di tutto*, vissuta nella disperazione e nella solitudine, ma *l'inizio del tutto* vissuto nell'abbandono a Dio. Non più abbandonati e umiliati, ma curati con l'amore e la presenza.

C'è anche un'etica della morte che dobbiamo riscoprire, al di là di ogni credenza religiosa, se non vogliamo che questo momento sia un balordo e inumano *crepare*. Per cui ciò che per tutta la vita abbiamo cercato di evitare, per i nostri cari curandoli e difendendoli e per noi stessi, curandoci e difendendoci, ad un certo momento, inevitabile, non possiamo più schivarlo. Possiamo e dobbiamo donarlo. Come? Stando accanto e accudendo.

Ha qualcosa di assurdo tutto ciò, diceva il filosofo Jacques Derrida, nel riferirsi al fatto che è possibile "*donare*" proprio la cosa che più l'uomo teme. Anzi, proprio perché è la realtà più temuta, può diventare il dono più grande. Ha qualcosa di assurdo, sì, ma l'amore trasforma anche l'assurdo o per lo meno riesce a renderlo più tollerabile.

Madre Teresa ha aiutato ad elaborare e vivere serenamente tale *assurdo*, trasformando il *necessario-cinico-inesorabile* in *dono*; trasformando una realtà che *è-per-forza* in un *dono*, dove il

[213] G. Marcel, *Giornale Metafisico*, Edizioni Abete, Roma 1966, p. 320.

morente ridona il suo *sé* al Creatore e dove l'assistente dona la sua presenza silenziosa e devota perché il morente possa *ri-donare* la sua presenza a Dio[214].

2. *Donare la morte è donare dignità*

È stupendo il discorso che Giovanni Paolo II fece dopo aver visitato la Casa dei Moribondi[215] a Kalighat nel 1986 durante la visita pastorale del 1986: «Nirmal Hriday è un luogo di sofferenza, un centro che conosce molto bene l'angoscia e il dolore, una casa per gli incurabili. Ma, nello stesso tempo, Nirmal Hriday è un luogo di speranza, un centro costruito con fede e coraggio, una casa dove regna l'amore, una casa piena d'amore. A Nirmal Hriday il mistero della sofferenza umana incontra il mistero della fede e dell'amore. [...] Nirmal Hriday attesta la profonda dignità di ogni essere umano. La cura amorevole che qui vediamo testimonia la certezza che il valore di un essere umano non è misurato con l'utilità dell'ingegno, con la salute o con l'infermità, con l'età, il credo o la razza. La nostra dignità umana ci viene da Dio nostro creatore, a cui immagine siamo stati creati. Nessuna privazione o sofferenza potrà mai rimuovere questa dignità, perché noi siamo sempre preziosi agli occhi del Signore»[216].

Quante persone ha fatto morire degnamente in un letto pulito invece che della strada nell'indifferenza più totale e con il solo interesse dei topi! Magari gli abbandonati si chiedevano: "finora sono stato solo un interesse per i topi, adesso sono un interesse per delle persone umane ..., per Dio!". Che riconquista di dignità! È un'opera santa ridare dignità agli altri, aiutare il prossimo a riscoprire o scoprire d'essere figlio di Dio iniziando con il non lasciarlo da solo nella sua solitudine!

Questi sono i dati sulla Casa del Moribondo: «Dal 1952 sino alla scomparsa della Madre, nel centinaio di brandine disponibili sommando la corsia maschile e quella femminile, vennero ospitate 67.071 persone registrate (a tutt'oggi sono divenute circa centomila), delle quali 28.259 morirono. Di molte delle donne che vi sono morte resta traccia nel diadema d'oro, posto sul capo della statuetta della Madonna, che venne realizzato con i piccoli monili che esse avevano incastonati nel naso. Ogni volta che ne parlava, Madre Teresa diceva con affetto: "Coloro che non ebbero nulla sulla terra hanno regalato una corona alla Madre di Dio"»[217].

IV. Salvatore Natoli: «La vita si allea naturalmente con la morte»

Di fronte alla morte, nostra o delle persone care, la saggezza del filosofo Salvatore Natoli ci può essere veramente d'aiuto per l'illuminazione, sotto la prospettiva naturale, che ne dà. In effetti, alcuni aspetti della morte, devono essere accettati e superati facendo leva sull'accettazione di tutto ciò che appartiene al normale svolgimento della vita. C'è una saggezza pagana, nel senso che non si appoggia alla fede, che ritengo indispensabile perché sia la fede ad appoggiarsi ad essa e dare il suo sovrannaturale contributo: «La vita si allea naturalmente con la morte. È proprio del saggio vivere questo equilibrio senza violenza, senza infrangere la giusta disposizione delle cose»[218].

La vita ha già un modo suo sereno di avvicinarsi alla morte, un modo naturale, un modo spontaneo di smorzarsi e poi arrestarsi che non avrebbe bisogno di tanti clamori. È così. È la vita. È

---

[214] «Camminando attraverso le strade della città per assistere i poveri, Madre Teresa s'imbatteva spesso in tanti moribondi. Poiché queste erano persone considerate "casi disperati", gli ospedali non le accettavano: esse erano destinate ad affrontare la morte da sole, indesiderate e abbandonate da tutti. Madre Teresa cercò una casa dove fossero accolte con amore e trattate con dignità almeno negli ultimi istanti della loro vita [...] Lei e le sue sorelle avrebbero portato lì i moribondi raccolti dalle strade, offrendo loro un tetto, le cure mediche di base, ma soprattutto un tenero amore», *Sii la Mia luce*, p. 152.

[215] In indiano si chiama *Nirmal Hriday* e significa *Cuore puro*. Fu fondata nel 1952 e si dice che fu il «Primo amore di Madre Teresa».

[216] In: *Il segreto della santità*, p. 78.

[217] In: *Il segreto della santità*, p. 78.

[218] *Sapere e sperare*, p. 171.

la morte. Forse, addirittura, è questa che si avvicina in modo molto più silenzioso e tranquillo alla prima che viceversa. Nascere è già un iniziare a morire, diceva qualcuno. È la saggezza della creazione, la saggezza della vita, la saggezza dell'opera di un Saggio. La morte fa parte della vita, almeno questo costatiamo come dato di fatto. Forse, se non ci fosse stato il peccato originale, sarebbe stato diverso, ma è andata diversamene. Siamo noi che per un principio di *esigenza-di-non-finire* vogliamo separarle. È vero, anche questo principio ha la sua verità. E di fatto è così. Ed infatti con la morte non si finisce, ma si continua nella modalità di una 'forma' e di una 'sostanza' ormai non più corruttibile. Però c'è un parto da affrontare, a causa del peccato originale, per cui c'è da vivere le doglie di esso. Ma strepitare non serve, renderebbe il parto più doloroso, è poco dignitoso. Perché comunque, questo, ha i momenti contati, cioè passa. Passa e ridona la vita, la nuova vita.

Il significato dell'esistenza umana, che acquista vero significato solo in rapporto al significato della morte, non perde tale significato solo se affermiamo l'immortalità personale. La risurrezione è di per sé una esigenza naturale, perché l'uomo è *spirito incarnato* e l'immortalità non è tanto il dono permanente dell'essere ma di più, il dono permanente di essere[219]. Basterebbe solo non uscire dall'alveo del fiume che va a sfociare nell'Oceano senza rive. Basterebbe solo lasciarsi trasportare. La vita, così com'è, è già tanto intelligente ed a volte non serve aggiungerci la nostra, né particolari spiegazioni che più che di fede sanno di superstizioni o di ricerca nevrotica di certezze confuse con la fede ma che di fatto non hanno nulla di essa. In talune occasioni basta, silenziosi e contemplativi, dimettersi dal ruolo di controllori e accomiatarsi serenamente. È saggio saper dare o accogliere le dimissioni liberamente. È ancor più saggio saperle dare al momento opportuno. E per 'dare' non intendo causare la propria morte, ma causare il proprio cedimento interiore alla Grazia che vuole aprire le porte dell'Eternità. Ad un certo momento bisogna sapersi arrendere. Anche perché di fronte non c'è il nemico, ma l'Amico, Colui che ci ha chiamati amici.

Se Dio non ci avesse mostrato il Suo amore, che Egli sta dalla nostra parte, che è disposto a lasciarsi uccidere da noi, che ci ha creati per diventare altri dei, che la nostra eredità sarà di gloria, ecc., forse l'uomo Lo avrebbe rifiutato e sarebbe andato all'inferno, perché ingannato dal diavolo che oltre a presentargli Dio come *nemico*, ha presentato sé stesso come *amico*, come *benefattore*. Così, la morte, come dice la Sapienza, «è entrata nel mondo per invidia del diavolo». La morte sarebbe, in un certo senso, l'uomo che rifiuta Dio e vuole farsi da sé stesso dio. Il demonio è veramente radicalmente cattivo e contro Dio e contro l'uomo. Dio ha distrutto tale cattiveria del demonio, l'ha neutralizzata con la Sua bontà. L'uomo, con la morte in croce di Cristo, ha avuto una dimostrazione: quello che gli aveva detto il diavolo era falso. L'uomo, quindi, non ha necessità di mettere da parte Dio perché altrimenti rimane Suo schiavo (come gli ha suggerito il serpente) e di conseguenza da sé stesso deve farsi Dio. No! L'inganno del demonio nasconde una duplice menzogna: che l'uomo sarebbe in grado da solo di farsi come Dio, che Dio è contro l'uomo. Invece Dio non è contro l'uomo anzi! Egli ci ama e ci dà ciò che noi, da soli, non solo non saremmo stati in grado di darci ma neanche di pensare.

La croce non è solo mistero di morte, ma mistero di morte e di gloria e di cui la seconda condizione sarà quella definitiva. Grazie alla croce di Cristo la bilancia della giustizia pende infinitamente a nostro favore. *Nulla potrà mai separarci dall'amore di Cristo*, tranne il nostro rifiuto. Alla fine di questo paragrafo voglio salutare l'amico lettore con questi miei versi:

Non temere amico

giacché oltre l'obito

ci aspetta mite e buono

un caro Fratello a braccia aperte

e l'cuor per noi trafitto.

---

[219] Cfr. R. LUCAS LUCAS, *L'uomo spirito incarnato*, San Paolo, Cinisello Balsamo 1993, pp. 314-330.

Conclusione: un Inno alla vita!

Di Marta e Maria

Gesù ha chiesto a Madre Teresa suore che fossero Marta e Maria. Lei ha saputo fare in modo che ciò si realizzasse. E credo lo abbia fatto con molto equilibrio e saggezza ma anche in modo radicale. Analizzando la vita della Madre degli ultimi possono essere tirati fuori molti insegnamenti non solo in chiave teologica ma anche in chiave etica e filosofica. Cercherò di stilare un riflessione personale, frutto del cambiamento che lo studio della vita e degli scritti di Madre Teresa, credo, abbia realizzato in me. Alla luce, allora, di quanto fin qui detto, penso le seguenti cose.

Bisogna saper distinguere quali problemi umani vanno considerati e risolti più in chiave dell'essere e quali più in chiave del fare. Il senso della vita lo si scopre o riscopre, più con il primo approccio perché prende in considerazione la persona totalmente e poi perché corrisponde alla sua dimensione più profonda. Non bisogna dunque mai perderla di vista questa dimensione, anzi bisogna difenderla dal secondo approccio quando vuol prendere il sopravvento perché l'uomo rischia di dimenticare chi è veramente se si dedica solo al fare. Ma non dobbiamo trascurare che il fare è qualcosa a cui Dio stesso ha legato una forma di riscatto esistenziale: «guadagnerai il pane con il sudore della fronte», asserisce il Libro della Genesi. Al fare dunque appartiene misteriosamente un valore di redenzione, di affrancamento, di liberazione dopo la maledizione del peccato originale e, nello stesso tempo, esso diventa un modo per poter pagare il debito d'essere che l'uomo sperimenta.

L'uomo ha necessariamente bisogno di sentirsi utile, ne vale della sua realizzazione personale e il sentirsi utile lo realizza in modo più proprio nel fare. Certo, non basta, ed infatti bisogna trovare un equilibrio dando ad entrambi la giusta importanza stando attenti a non cadere né in una sorta di pragmatismo immanente, né in uno spiritualismo disincarnato che a null'altro porterebbe se non a perdere il senso della realtà e a vivere in balìa dell'immaginazione, delle paure e delle suggestioni che spesso ci troviamo ad affrontare quando perlustriamo la nostra mente e il nostro spirito in modo esasperato. Se l'essere eleva l'uomo il fare lo difende da una eccessiva serietà del vivere che a null'altro servirebbe se non ad ingigantire la già tragica e drammatica situazione umana.

Il fare spesso può essere anche l'unica medicina per liberare certi animi da una eccessiva introspezione che può portare alla melancolia. Penso quindi che certe patologie spirituali o psichiche debbano essere affrontate tenendo conto che, a volte, una intensa operosità (per alcuni periodi), libera l'uomo dalla stanchezza psico-spirituale: la stanchezza fisica defatica lo spirito e la mente e produce chimicamente sostanze che regolano l'umore producendo spensieratezza.

L'essere mostra il senso, il fare lo ridimensiona dalla sua gravità e lo rende più spensierato e più umano, per evitare di cadere nella tentazione dell'eccessiva astrattezza e restare in balia di fantasmi irreali e irrazionali. La ragionevolezza concreta di una sana praticità difende lo spirito e la mente dall'irragionevolezza astratta di un pericolosissimo idealismo.

L'eccessiva concentrazione distrae. L'eccessiva distrazione continua a far distrarre ancora di più. Noi non siamo né totalmente *esterni*, né totalmente *interni*. Né solo Maria, né solo Marta. Siamo corpo e spirito in una unità indivisibile. Il corpo è esterno ma vive perché ha un interno spirituale. Lo spirito è interno ma vive, su questa terra, perché ha un corpo materiale.

Siamo come in una terra di mezzo, di passaggio. La precarietà, l'instabilità, la provvisorietà sono inseparabili caratteristiche dell'uomo che hanno lo scopo di tenerlo sempre in cammino verso una meta.

Dello riscoprire i più semplici valori umani e religiosi

Qualcuno considera la fede e i valori semplici meccanismi di difesa che l'uomo di questo millennio, ormai potente in virtù della scienza e della tecnica, debba quanto prima scrollarsi di dosso.

Beh, non voglio mettere in discussione il sintagma da un punto di vista del significato, ma mi sento in dovere, in virtù dell'esperienza, di dargli un senso tutto mio: "si, di difesa, ma dalla banalità, dall'inettitudine e dall'idiozie che l'uomo pensa, dice e produce, oggi, come uomo del 2000, emancipato e credulone, che non ha stima della verità e va dai maghi e crede, dall'alto dei suoi studi di scienziato, medico, filosofo, politico, ecc., alle loro sciocchezze ... e paga pure fior di quattrini.

L'uomo edonista e materialista, effetto dell'indottrinamento fatto dal nichilismo, dal riduzionismo nel modo di intendere la persona umana, dal capitalismo selvaggio che ha generato una forma di consumismo talmente compulsivo da anestetizzare l'intelletto, si ritrova sfiduciato, solo, vuoto e con l'assurdo come unico senso della sua vita e quindi, in questa conformismo tiranno e totalitario, dove manca la ragione, vive e fa scelte illogiche e incoerenti e giustifica, in nome della libertà, che altro non è se non arbitrarismo e libertinismo, ogni mostruosità. Dove regna l'assurdo regna il mostruoso, l'anti-umano.

Della luce o delle tenebre ma sempre della speranza e quindi della fede nel futuro

C'è sempre uno spiraglio di speranza che si lascia intravedere nell'oscurità di qualsiasi inferno. Bisogna cercarlo, perché c'è, c'è sempre. Bisogna crederci e aggrapparvisi e lasciarsi portare, perché al buio segue sempre, legge della natura, la luce. E quanto più abbiamo sviluppato le nostre risorse umane, morali, spirituali, tanto più queste saranno provvidenziali, nel proporre nuovi significati a cui stringersi, quando tutto è orribilmente grigio o nero, uguale, senza nessuna attrazione. Coltivarsi nel presente, anche con sforzo, da un punto di vista umano, morale, spirituale, è avere occasioni di rifugio nelle tempeste. Autenticarsi nel presente è anche difendersi dal futuro quando si presenterà troppo esigente.

Per non perdere la fiducia nella vita bisogna avere sempre un perché per il quale lottare, cioè una ragione, un compito, un senso, un significato. Qualcosa o qualcuno che si considera assoluto e incrollabile verso cui trascendersi quando l'in-sé crolla. E questo Qualcuno non può essere altro che Dio.

Bisogna avere fiducia incondizionata verso il futuro e sperare che nuovi orizzonti possiamo aprire, possono riaprirsi e questo non è ingenuo ottimismo. Né tale fiducia deve basarsi su fondamenti che abbagliano ma che nell'essenza sono utopie irrealizzabili o ingannevoli.

Noi, persone umane, possiamo avere fiducia nel futuro, e in modo fondato e realista, perché la vita stessa ha in sé un dinamismo progressivo che guarda in avanti, che guarda e va verso il futuro.

Se naufraga l'entusiasmo, s'arresta la speranza e affoga l'avvenire.

Ciò che si presenterà irrealizzabile dovrà lasciare il posto ad un nuovo realizzabile che ogni volta la vita stessa ci darà occasione di realizzare. E questa segue una legge particolare: ci dona sempre le occasioni per crescere, per trascenderci, per trasfigurarci in persone sempre più autentiche.

Tutto ciò che in sorte ci toccherà non sarà mai per annientarci ma per annientare ciò che per noi non dev'essere o, meglio, ch'è meglio non sia.

L'uomo può sempre guardare altrove e oltre. L'uomo deve sempre guardare altrove e oltre, quando nella sua esistenza sperimenta che ciò che riteneva possibile si rivela impossibile. Tutto ciò che è possibile potrà essere realizzato, con sacrificio e buona volontà sì. E, ciò ch'è è possibile, sarà la realtà su cui bisogna costruire. Dobbiamo anteporre ai nostri desideri il principio della realizzabilità perché la saggezza più grande sta nell'obbedire alla realtà. Sognare sì ma sognare bene!

Ci piace e ci lasciamo condizionare dal fantasticare sul futuro, perché ciò non richiede responsabilità, mentre purtroppo abbiamo paura di credere nel futuro perché credere significa impegnarci, rischiare, giocarci la vita. Ma il nostro compito è questo, non quello. E se quello è un irresponsabile vaneggiare, che dalla realtà ci aliena, questo è un legittimo sognare che alla realtà ci inchioda, perché il vero sognare non è delirante e insensato, ma speranzoso e logico cioè realizzabile quindi reale.

Chi inculca eccessiva sfiducia verso il sé stessi non è cattolico. Bisogna restaurare l'*originale fiducia* verso la propria esistenza[220]. Umiltà non è di sé il disprezzo ma l'oblio.

Della volontà di significato, cioè: dello scoprire il senso della vita e dei significati della vita

Cosa significa, tutto quello che ho e che ho raggiunto, per me? Corrisponde alla mia volontà di significato, come la chiamava lo psichiatra ebreo Viktor Frankl, cioè alla *motivazione primaria e autentica dei miei desideri*? Sono felice oggi dopo aver fatto tutto quello che ho realizzato? Con la mia vita e il mio fare, ho messo nella realtà tutto quello che in coscienza ho creduto dovesse essere il mio singolare e autentico contributo per migliorarla? Ho messo nel mio ambiente quello che mancava?

Nella realtà manca tutto quello che io con impegno e dedizione posso mettere! A buona pace di una serena ambizione per tutti! Così è se vi pare: nella realtà manca tutto quello che ci mettiamo e se non lo mettiamo continuerà a mancare. La straordinaria valenza della realtà è di essere completa in sé, ma nello stesso tempo in grado di lasciarsi leggere e osservare in maniera diversa, completare in maniera diversa, con il concorso di ognuno anche contemporaneamente. Non è relativismo ma ulteriorità. Dio ha creato un posto per ciascuno nella vita! Non ci ha ingannati. È stato l'uomo a creare disordine, distruggere, confondere i ruoli e i posti dove ogni uomo può dare il suo originale contributo alla vita, in ogni ambito.

L'uomo ha bisogno dei significati ancor più che dei soldi. Con quelli ci vive da persona, con questi può anche diventarci un animale. Gli animali non sono preoccupati del significato da dare alla propria esistenza. Noi siamo una potenza pensate di valutazione e giudizio, di distinzione e paragone, di invenzione ed elezione. Queste caratteristiche dicono la superiorità dell'umana creatura rispetto agli altri regni. Ma questo nostro *modo d'essere* dev'essere realizzato perché è in potenza. L'unico luogo per realizzarlo nel modo più autentico è la vocazione personale.

Quando l'uomo non ha autentici significati da realizzare, in quanto non li ha cercati vivendo una vita autentica, si accontenta di significati secondari che lo soddisfano solo al momento ma frustrano la sua esistenza. E quanto più egli si allontana dai primi, tanto più i secondi prendono il sopravvento su di lui, frustrandolo, abbattendolo e facendolo sentire sempre di più inutile e spesso rendendolo anche aggressivo. Certe disperazioni e aggressività, infatti, sono figlie di un accecamento generale e di sopravvalutazione di un unico significato. Sono cioè effetto di idolatria. È necessario saper discernere l'eccessivo e il parziale dal giusto e dalla verità e avere la forza di separarli, altrimenti cadiamo nell'idolatria e diventiamo bellicosi per difendere il nostro idolo. Diceva Frankl che un comportamento aggressivo spesso manifesta una frustrazione esistenziale di fondo, cioè un senso di vuoto.

E se poi, come secondo alcuni, l'uomo non è una persona dotata di libertà, responsabilità, intelligenza e spirito, ma il risultato di impulsi che come in un congegno lo determinano integralmente, allora posso essere giustificati tutti gli atti. Infatti non sarebbe egli a farlo ma queste forze che agiscono dentro di lui e malgrado lui. Tale automatismo giustificherebbe anche i gesti

[220] Cfr. V. E. Frankl, *Alla ricerca di un significato della vita*, Mursia, Milano, 1974, p. 71.

aggressivi. Per fortuna non è così! Né è prova che l'uomo protesta contro il male, per lo meno se ha ancora una coscienza sveglia!

Ma ogni caduta porta con sé la possibilità di rialzarsi e una nuova redenzione e quindi una soluzione può esserci sempre! L'uomo è *essere viator*, colui che è chiamato a camminare sempre ed a guardare in avanti. Non è costretto quindi a restare a terra e non ha il diritto di disperare.

Non è necessario cadere ma ogni caduta può essere trasformata in esperienza di libertà sia per scegliere il bene sia per scegliere il male. Anzi, la libertà matura e si attua soprattutto nel tentativo che l'uomo fa per sfuggire al negativo. Posso dire di non aver conosciuto, finora, la mia libertà, se non nel suo ben radicato egoismo e nell'arduo tentativo di sottrarmisi.

Anche quando il destino dolorosamente s'impone, sì, anche allora, l'uomo può imporsi su esso, prendendo posizione e assumendolo. È la forma di significato più alto che l'uomo possa realizzare: trovare un significato lì dove ogni significato sembra sparire, e realizzarlo con l'accettazione.

Dei desideri e dei piaceri

Il piacere è l'effetto spontaneo di alcuni atti. Secondo Frankl non può essere cercato per sé stesso. Ad esempio quello sessuale: non si cerca il piacere in sé, ma lo stare bene con il partner. L'effetto spontaneo dello stare bene è il piacere e, quanto più l'attenzione è spostata sullo stare bene tanto più il piacere viene vissuto intensamente e senza rendere schiavi. Quanto più invece la ricerca è spostata sul piacere tanto più esso sfugge e il suo conseguimento richiede via via sempre più metodi eccentrici e depersonalizzanti.

Ecco cosa asserisce Viktor Frankl: «[...] il piacere non si lascia affatto "intendere", cioè ricercare per sé stesso: non può essere ottenuto che quale effetto spontaneo, appunto senza essere ricercato. Al contrario, più l'uomo ricerca il piacere, più questo gli sfugge. Il principio del piacere, portato fino alle sue estreme conseguenze, non può che fallire miseramente, e questo per il semplice fatto che da sé stesso si ostacola. Quanto più cerchiamo di raggiungere qualcosa con tutte le forze, tanto più è difficile l'ottenerla. Noi abbiamo poco fa detto che la paura realizza già quello che si teme; qui possiamo dire: il desiderio troppo intenso rende impossibile il conseguimento di ciò cui si anela»[221]. Quindi: il desiderio di ciò che si desidera oltre ogni misura, oltre il buon senso, oltre un sano equilibrio, diventa ostacolo a ciò che si desidera.

Per essere veramente felice l'uomo non ha bisogno assoluto del piacere, né di farsi valere, ma di trovare e realizzare significati che lo avvicinino sempre di più al suo senso. Quindi non della "*volontà di potenza*" di Nietzsche ma della "*volontà di significato*" di Frankl. Quello (senza nessun giudizio di condanna) è morto in preda alla follia. Questi ha aiutato molti a non caderci, sia durante il tempo del *lager* sia mediante la sua professione.

A Madre Teresa

La vita di Madre Teresa è stato un vero e proprio Inno alla vita che ogni suo seguace può continuare a cantare, in ogni luogo della faccia della terra, ogni volta che si china ad amare e ad alleviare le pene di chiunque soffre ed è solo e indifeso, dando il meglio di sé.

Madre Teresa è stata un martire interiore ed esteriore. Una martire della carità. Bruciava talmente tanto dell'amore per Cristo che soffriva a non consumarsi per Lui e per i poveri. Lei viveva in Cristo, ecco perché poteva sorridere, confortare, soccorrere, accompagnare, con così tanta empatia e impegno, da raggiungere livelli di abnegazione e altruismo sovrannaturali. Era una candela consumata solo per gli altri, che irradiava la luce della speranza cristiana. Le è stato possibile perché in ogni atto disobbediva all'egoismo.

---

[221] *Alla ricerca di un significato della vita*, p. 67.

Fu la nemica numero uno dell'egoismo, della vanità, della ricchezza, del benessere, della comodità. Non per scelta ideologica ma per vivere lei, per prima, quello che vivevano i suoi poveri. Lo fu quindi per amore. E questi, cioè i poveri, furono l'unica luce in tutto il lunghissimo periodo di tenebra della sua esistenza.

Tutto quello che lei ha realizzato è stato sia eroicamente suo, perché si è svuotata totalmente e radicalmente di sé e sia tutto di Cristo, perché Lui operava dentro di lei e tramite lei, così come più Gli piaceva. Chi è in grado di dire a qualcuno "usami come vuoi?". Madre Teresa lo ha detto a Cristo.

Per Cristo, Madre Teresa, è stata realmente e materialmente essenziale, come l'acqua lo è per ogni uomo. Ecco perché a lei ha chiesto in maniera specifica: «Ho sete».

A tutti noi che amiamo Madre Teresa e che vorremmo nel nostro piccolo, vivere almeno un po' come lei, queste sue parole:

> «Non permettere mai che qualcuno venga a te e vada via senza essere migliore e più contento. Sii l'espressione della bontà di Dio. Bontà sul tuo volto e nei tuoi occhi, bontà nel tuo sorriso e nel tuo saluto. Ai bambini, ai poveri e a tutti coloro che soffrono nella carne e nello spirito, offri sempre un sorriso gioioso. Dai a loro non solo le tue cure ma anche il tuo cuore».

Bibliografia citata

Magistero e Papa Francesco

BENEDETTO XVI, *Lettera enciclica. Deus caritas est.*

FRANCESCO, PAPA, *Il nome di Dio è Misericordia*, Piemme, Milano 2016.

Madre Teresa di Calcutta

di:

MADRE TERESA DI CALCUTTA, *Dove c'è amore, c'è Dio*, a cura di B. Kolodiejchuk, best Bur, Milano 2010[3].

MADRE TERESA DI CALCUTTA, *I Fioretti*, a cura di J. L. Gonzàles-Balado, San Paolo, Milano 2014.

MADRE TERESA DI CALCUTTA, *Il mio segreto: prego. Raccolta di preghiere*, Shalom, (An) 2000.

MADRE TERESA DI CALCUTTA, *Il cammino semplice*, Oscar Mondadori, Milano 2009.

MADRE TERESA DI CALCUTTA, *La gioia di darsi agli altri*, a cura di J. L. Gonzàles-Balado, San Paolo, Milano 2003.

MADRE TERESA DI CALCUTTA, *La mia regola*, Fabbri, Milano 1997.

MADRE TERESA DI CALCUTTA, *La mia vita*, a cura di J. L. Gonzàles-Balado, Bompiani, Milano 2001.

MADRE TERESA DI CALCUTTA, *Sii la Mia luce*, a cura di B. Kolodiejchuk, Rizzoli, Milano 2008.

MADRE TERESA DI CALCUTTA, *Un pensiero per ogni giorno dell'anno*, Shalom, (An) 2008.

su:

CHAWLA, N., *Madre Teresa. Fede, amore, opere: una vita per l'umanità*, Fabbri Editori, Milano 2000.

COMASTRI, C., *Ho conosciuto una santa*, San Paolo, Milano 2016.

DI LORENZO, M., *Madre Teresa. Lo splendore della carità*, Paoline 2003.

GAETA, S., *Madre Teresa. Il segreto della santità*, San Paolo, Milano 2016.

GERMANI, G., *Il pensiero di Teresa di Calcutta*, Paoline, Milano 2000.

GJERGJI, L., *Madre Teresa. La madre della carità*, Velar 1990.

GONZÀLEZ - BALADO, J. L., *Madre Teresa dei poveri*, San Paolo 1997.

LAGHI, P., *Madre Teresa di Calcutta. Il vangelo in cinque dita*, EDB, Bologna 2003.

Classici, santi:

AGOSTINO, SANTO, *Commento al Vangelo di San Giovanni.*

AGOSTINO, SANTO, *Discorsi.*

AGOSTINO, SANTO, *Esposizione sui Salmi.*

AGOSTINO, SANTO, *Le Confessioni.*

BENEDETTO, SANTO, *Regola.*

BERNARDO, SANTO, *Ad milites Templi.*

FRANCESCO DI SALES, SANTO, *Trattenimenti spirituali.*

FRANCESCO DI SALES, SANTO, *Trattato dell'amor di Dio.*

IGNAZIO DI LOYOLA, SANTO, *Lettera sull'obbedienza.*

LIGUORI, DE', ALFONSO SANTO, *Uniformità alla volontà di Dio.*

LIGUORI, DE', ALFONSO SANTO, *La vera sposa di Gesù Cristo.*

MASSIMO DI TORINO, SANTO, *Discorsi.*

TERESA DI GESÙ, SANTA, *Fondazioni.*

TERESA DI GESÙ BAMBINO, SANTA, *Storia di un'anima.*

TOMMASO, SANTO, *Somma Teologica.*

Altra bibliografia

ARENDT, H., *Le origini del totalitarismo*, Einaudi, Torino 2004.
ARISTOTELE, *Etica Nicomachea*, Bompiani, Milano 2000.
BARBAGLIO, G., a cura di, *Lettere di Paolo*, traduzione e commento, Borla, Roma 1990[2].
BATESON, G., *Verso un'ecologia della mente*, traduzione di G. Longo e G. Tratteur, Adelphi, Milano 1976.
BLONDEL, M., *L'azione. Saggio di una critica della vita e di una scienza della prassi*, San Paolo, Milano 1993.
BORGNA, E., *Il tempo e la vita*, Feltrinelli, Milano 2015.
CAMUS, A., *Il mito di Sisifo*, Bompiani, Milano 1998.
CHESTERTON, G. K., *Ortodossia*, Lindau, Torino 2010.
CHILDS, B. S., *Isaia*, Queriniana, Brescia 2005.
COSTACURTA, B., *Abramo*, JacaBook, Milano 2001.
DUFOUR, X. L., *Lettura dell'Evangelo secondo Giovanni*, San Paolo, Cinisello Balsamo 1990.
EICHRODT, W., *Dio e popolo*, Paideia, Brescia 1979.
FAUSTI, S., *Una comunità legge il Vangelo di Luca*, EDB, Bologna 2006.
FAUSTI, S., *Una comunità legge il Vangelo di Giovanni*, Bologna 2005.
FAUSTI, S., *La libertà dei figli di Dio. Commento alla Lettera ai Galati*, Ancora, Milano 2010.
FRANKL, V. E., *Alla ricerca di un significato della vita*, Mursia, Milano, 1974.
FRANKL, V. E., *Un significato per l'esistenza. Psicoterapia e umanismo*, Città Nuova, Roma 1990.
GADAMER, H.G., *Verità e metodo*, Bompiani, Milano 1995.
GILBERT, P., *Sapere e sperare. Percorso di Metafisica*, Vita e Pensiero, Milano 2003.
GNILKA, J., *Il vangelo di Matteo*, Paideia, Brescia 1990.
GRÜN, A., *Percorsi nella depressione*, Queriniana, Brescia 2010[2].
GUITTON, J., *Che cosa credo*, Bompiani, Milano, 1994.
GUITTON, J., *Arte nuova di pensare*, San Paolo, Milano 2009[14].
HEIDEGGER, M., *Essere e tempo*, Longanesi & C., Milano 1970.
LAVATORI, R., *Satana un caso serio*, EDB, 1996, Bologna 1993.
LEHODEY, V., *Il santo abbandono*, San Paolo, Cinisello Balsamo 2008.
LUCAS LUCAS, R., *L'uomo spirito incarnato*, San Paolo, Cinisello Balsamo 1993.
MARCEL, G., *Giornale Metafisico*, Edizioni Abete, Roma 1966.
MARCEL, G., *Tu non morirai*, Valter Casini editore, Roma 2006.
MARIN, A. R., *Teologia della perfezione cristiana*, San Paolo, Milano 2003[11].
NATOLI, S., *Parole della filosofia o dell'arte di meditare*, Feltrinelli, Milano 2007.
NOTH, M., *Esodo*, Paideia, Brescia 1977.
PASCAL, B., *Pensieri*, a cura di Adriano Bausola, Bompiani, Milano 2006[3].
PAREYSON, L., *Essere, Libertà, Ambiguità*, Mursia, Milano 1998.
PAREYSON, L., *Ontologia della libertà*, Einaudi, Torino 2000.
PAREYSON, L., *Verità e interpretazione*, Mursia, Milano 2008[4].
PENNA, R., *Lettera ai Romani*, EDB, Bologna 2007.
PORTALE, A., *L'abisso del male: la libertà di Dio e la libertà dell'uomo. Il mistero della sofferenza nell'Ontologia della libertà di Luigi Pareyson*, Gondolin, Trento 2014.
RICONDA – RAVERA – CIANCIO - CUOZZO, *Il peccato originale nel pensiero moderno*, Morcelliana, Brescia 2009.
RODRIGUEZ, A., *Esercizio di perfezione*.
ROGERS, C. R., *Terapia centrata sul cliente*, Giunti editore, Firenze 2013.
SCHIAVONE, P., *Il Discernimento. Teoria e prassi*, Paoline, Milano 2011.
SCHNACKENBURG, R., *Il vangelo di Giovanni*, Paideia, Brescia 1977.
SPAEMANN, R., *Sulla differenza tra "qualcosa" e "qualcuno"*, Laterza, Roma-Bari 2005.
SPAEMANN, R.,- SCHÖNBORN, C., -GÖRRES, A., *Tutta colpa loro? Un filosofo, un teologo e uno psicoanalista a confronto sul peccato originale*, Edizioni Studio Domenicano, Bologna 2008.
WATZLAWICK, P., *Pragmatica della comunicazione umana. Studio dei modelli interattivi, delle patologie e dei paradossi*, Astrolabio Ubaldini, Roma 1971.

KAMPOWSKI, S., *Contingenza creaturale e gratitudine*, Cantagalli, Siena 2012.

Indice

a coloro che soffrono per la mancanza di un tetto
o di una famiglia; per la mancanza di una carezza
o di un abbraccio, di una mano amica, di un sorriso,
per la mancanza di affetto …

Printed by Books on Demand GmbH, Norderstedt / Germany